Google's 10
Golden Rules

Google's 10 Golden Rules
구글을 움직이는 10가지 황금률

2011년 12월 30일 초판 1쇄 발행
2012년 6월 15일 초판 2쇄 발행

지은이 | 구와바라 데루야
옮긴이 | 김정환
펴낸곳 | 윌컴퍼니
펴낸이 | 김화수
등록 | 2011년 4월 19일 제300-2011-71호
주소 | (110-043) 서울시 종로구 자하문로13길 15, 1층
전화 | 02-725-9597
팩스 | 02-725-0312
이메일 | willcompany@nate.com
ISBN | 978-89-967751-0-2   03320

잘못된 책은 바꿔드립니다.
책값은 뒤표지에 있습니다.

Google's 10
Golden Rules

구글을 움직이는 10가지 황금률

구와바라 데루야 지음 | 김정환 옮김

WILLCOMPANY

■ 머리말

　1998년 9월에 탄생한 구글은 아직 젊은 기업이라고 할 수 있다. 그러나 검색엔진 시장에서 후발주자였음에도 단기간에 인터넷을 극적으로 변화시켰음은 모두가 잘 아는 사실이다. 구글의 등장으로 우리는 인터넷에서 검색하지 않는 업무나 생활을 상상도 할 수 없게 되었다. 전세계의 위성사진이나 최신뉴스를 순식간에 얻을 수 있게 된 데도 구글의 역할이 크다. 유튜브(You Tube)와 페이스북(Facebook)이 등장하고 정보네트워크의 힘이 세계를 뒤흔들게 된 원인도 구글을 빼고는 생각할 수 없다. 앞으로도 구글은 때때로 위험시될 정도로 강대한 영향력을 다방면에서 발휘할 것이다.

　또한 구글은 기업모델로서도 혁신적이다. 사람들은 구글을 '엔지니어의 낙원'이라고 부른다. 따라서 구글 직원들의 근무방식이나 인재육성 방식, 의사결정 시스템, 조직형태 등에 배울 점이 매우 많을 것이다. 그런데 이런 것들이 의외로 잘 알려져 있지 않다. 구글이 하고 있는 사업에 대한 분석은 많지만, '어떤 기술'로, '어떤 환경'에서 하고 있는지에 대한 정보는 거의 없다.

구글은 공동창업자인 래리 페이지(Larry Page)와 세르게이 브린(Sergey Brin)에 에릭 슈미트(Eric Schmidt)가 가세한 다중구조여서 그 모습이 잘 드러나지 않는다. 게다가 이들은 언론에 노출되는 것을 그다지 좋아하지 않으며, 발언 역시 단편적이다. 다만 알려져 있는 사실이 3가지 있다.

첫째는 비즈니스보다 비전을 우선하며 출발했다는 사실이다. '어떻게 돈을 벌 것인가?'라는 비즈니스모델이 없는 상태에서 '인류가 사용하는 모든 정보를 모아서 정리한다'는 장대한 구상을 실현하려는 목적만으로 회사를 세웠다. 그리고 이것이 사람들을 불러모았다.

래리 페이지와 세르게이 브린이 존경해 마지않는 애플(Apple Inc.)의 스티브 잡스(Steve Jobs)는 "돈을 목적으로 회사를 시작해 성공한 사람은 본 적이 없다"고 단언했으며, 입버릇처럼 "우주에 충격을 줄 정도의 제품을 만들자"고 말했다. 비전과 꿈, 열정 같은 무형의 동기가 무한히 사람의 마음을 움직이는 것이다.

둘째는 래리 페이지와 세르게이 브린의 검색기술이 세계에서 가장 우수했다는 사실이다. 놀랍다, 새롭다는 수준으로는 돈이 모이지 않는다. 그러나 세계 최고라면 이야기가 달라진다. "자금을 대겠습니다", "꼭 쓰고 싶습니다"며 사람들이 줄을 선다. 즉 돈과 사용자가 알아서 모여들어 구글이라는 기업이 성립된 것이다. 그리고 이와 동시에 구글은 기존의 미디어로부터 '파괴자'라고 불리게 된다. 다른 회사들을 압도할 정도로 뛰어난 기술은 결국 경쟁자들을 파괴하기 때문이다.

셋째는 2005년 12월에 잡지 《뉴스위크(Newsweek)》에 실린 〈구글의 10가지 황금률〉이라는 기사다. 에릭 슈미트가 구글의 인재 육성 방침을 발표한 것으로, 다음과 같다.

1. 채용은 위원회에서 담당한다
2. 필요한 것은 모두 충족시킨다
3. 한곳에 모아놓는다
4. 조정하기 쉬운 환경을 만든다
5. 출시 전 자사 제품을 쓰게 한다
6. 창조성을 장려한다
7. 합의를 이끌어내기 위해 노력한다
8. 사악해지지 않는다
9. 데이터가 판단을 이끈다
10. 효과적인 커뮤니케이션을 한다

이 10가지 황금률은 뛰어난 인재육성 기술인 동시에 기업모델로서 구글이 지닌 특징이 응축된 것이라고 할 수 있다.

지금까지 단편적이었던 래리 페이지와 세르게이 브린, 에릭 슈미트 등 구글 간부들의 발언을 이 '황금률'에 대입해보자. 그러면 직소퍼즐이 완성되듯이 구글이라는 기업의 모습이 구체화될 것이다. 그리고 '비전'과 '세계 최고', '창조와 파괴'가 구체적으로 어떤 시스템을 형성하며 성과를 이끌어내고 있는지도 보일 것이다.

"우리 회사 직원들은 지혜가 없어. 도전정신이 없어"라고 한탄하는 기업은 대부분 그것을 가능하게 하는 시스템을 갖춰놓고 있지 않다. 그에 비해 구글은 인재가 모이고, 지혜가 성장하며, 조직이 창조성을 발휘하기 위해 필요한 환경이 갖춰져 있고, 그 창조성을 완벽히 실천하려고 노력한다.

그 모습을 알자. 그 시스템을 배우자. 그 기술을 활용하자. 어떤 시대든 최고의 모델을 목표로 삼는 자가 다음 승리자가 된다. 이 책이 그 모델을 제시할 수 있다면 기쁠 것이다.

구와바라 데루야

Contents

Google's10 Golden Rules
구글이 성공하기까지

구글의 진짜 장점은 무엇인가?
속도, 파괴, 파격의 업무방식

Google's 10 Golden Rules 9
데이터가 판단을 이끈다
잘못된 판단은 잘못된 데이터에서 나온다

Google's 10 Golden Rules 10
효과적인 커뮤니케이션을 한다
두뇌의 한계를 간단히 뛰어넘는다

Google's 10
Golden Rules

구글의 진짜 장점은 무엇인가?

속도, 파괴, 파격의 업무방식

구글의 10가지 황금률

피터 드러커(Peter Drucker)는 1959년에 일찌감치 '지식노동자'라는 새로운 계층의 등장을 예견했다. 그리고 그들을 관리하는 일이 중요함을 역설했다. 피터 드러커는 이렇게 말했다.

"지식노동자는 일한 시간이 아니라 성과에 대한 보수를 원한다."

"회사는 지식노동자에게 방해되는 것들을 전부 제거해야 한다."

"지식노동자는 최고의 일꾼이다. 그들을 영입하라. 그러면 다음 25년 동안 경쟁에서 우위를 보장받을 수 있을 것이다."

구글은 대기업이 지식노동자를 잘못 관리하고 있는 것 아니냐는 논란을 심각하게 받아들인다. 정당한 관리를 받지 못하고 있다고 느끼면 인재는 떠나버려서 회사의 강점이 되어주지 않기 때문이다.

지식노동자를 가장 효과적으로 활용하기 위해 우리는 다른 사람들이 발견한 좋은 아이디어를 도입하며, 우리 자신도 언제나 아이디어를 궁리하고 있다. 그 결과물이 바로 '구글의 10가지 황금률'이다. 특별히 구글의 엔지니어들에게 초점을 맞춘 것이지만, 대부분 다른 지식노동자들에게도 적용할 수 있는 것들이다.

— 에릭 슈미트(구글 회장), 할 배리언(Hal Varian, 구글 고문)

구글의 공동창업자인 래리 페이지와 세르게이 브린은 명확한 비전을 가지고 있었다. 바로 '세상을 바꾼다'는 것이다. 그들이 존경하는 애플의 창업자 스티브 잡스도 같은 말을 즐겨 사용했다. 스티브 잡스는 "세상을 바꾼다", "우주에 충격을 준다"는 말로 팀의 의욕을 북돋음으로써 혁신적인 제품을 계속해서 세상에 내놓았다.

하지만 래리 페이지는 '세상을 바꾼다'는 착상을 스티브 잡스가 아니라 1856년에 태어난 천재발명가 니콜라 테슬라(Nikola Tesla)한테서 얻었다. 래리 페이지의 아버지 칼 페이지(Carl Page)는 컴퓨터과학의 세계적인 권위자이며, 어머니 글로리아 페이지(Gloria Page)도 석사학위를 보유한 데이터베이스 컨설턴트였다. 그런 가정에서 자란 래리 페이지는 초등학교 1학년 때부터 컴퓨터를 완벽하게 사용할 줄 알았다.

어느 날 래리 페이지는 니콜라 테슬라의 전기를 읽고, 그가 여러 가지 선구적인 발명을 했지만 토머스 에디슨(Thomas Edison)의 그늘에 가려 가난 속에서 생을 마감했다는 사실을 알았다. 그리고 아무리 위대한 발명을 해도 상품화해서 대중의 손에 들어가지 않으면 아무 의미도 없음을 배웠다.

래리 페이지는 이렇게 생각했다고 한다. "나도 발명을 하고 싶었다. 그러나 세상도 바꾸고 싶었다. 나는 발명을 하고, 그것을 사람들이 이용할 수 있도록 인류의 손에 맡기고 싶었다. 그것이야말로 중요한 일이었다."

세상을 바꾸려면 고독한 천재가 되어서는 안된다. 타인과 교류하는 능력이 필요하다. 경영자원을 모으는 능력도 필요하다.

대학교수가 되거나 회사를 세우거나 둘 중 하나를 선택하기로 마음먹은 래리 페이지는 미국 미시건대학에서 우수한 성적을 받고 실리콘밸리의 창업자를 다수 배출한 스탠퍼드대학 대학원에 진학했다. 그리고 그곳에서 세르게이 브린을 만나 정확도 높은 검색엔진을 제작하는 일에 몰두했다.

구글이 설립된 시기는 피터 드러커가 '지식노동자'라는 개념을 제창한 지 약 40년이 지난 무렵이었다. 이미 실리콘밸리는 '2세대 지식노동자'라고 할 수 있는 우수한 IT기술자들로 가득했다. 이러한 시대의 순풍을 받으며 구글은 파격적인 성장을 이룩해나갔다. 그들의 성장은 그들 자신이 "우리는 낡은 자본주의를 파괴하고 있다"고 느낄 만큼 기존의 체제를 뒤흔들었다. 구글은 전례가 없는 속도로 세상을 바꿔버렸다. 그 속도는 기존의 비즈니스모델에 안주하던 사람들에게는 '파괴'로 비칠 만했다.

이제부터 그들의 발언을 통해 구글의 탄생과, 파괴하면서 창조해나간 성장과정을 살펴보자.

"구글은 파괴자인가?
분명히 그럴 것이다."

… 에릭 슈미트

구글 때문에 손해를 입었다고 주장하는 업계는 적지 않다. 예컨대 신문이나 텔레비전 등의 미디어가 그렇다. 구글의 기술력은 소비자가 미디어를 상대하는 방식을 바꾸고 있다. 그리고 그것은 광고에 대한 광고주의 생각을 변화시킨다. 그렇게 해서 기존의 미디어는 광고를 통해 얻었던 수익을 빼앗기고 있다.

변화의 속도가 느렸다면 미디어도 자기개혁을 할 수 있었을 것이다. 그러나 변화가 너무나도 빨랐기에, 기존의 미디어와 구글은 이해관계에 따라 잦은 충돌을 일으킬 수밖에 없었다.

또한 미디어뿐만 아니라 광고대행사와 각 기업의 판매부문조차 구글의 영향을 피할 수 없는 상황이 되고 있다. 이 점을 구글은 어떻게 생각하고 있을까?

유명한 이야기가 있다. 어떤 사람이 래리 페이지에게 물었다.

"구글이 전통적인 미디어와 때때로 충돌하는 것은 어쩔 수 없는 일입니까?" 그러자 래리 페이지는 이렇게 대답했다고 한다. "때때로라고요? 아닙니다, 항상 그렇지요."

또한 에릭 슈미트도 이렇게 말하며 전혀 개의치 않는다. "구글이 시장을 더욱 효율적으로 만들 수 있다면 그것은 좋은 일이다." 그리고 자기들이 하는 일은 "더욱 우수한 영업기술을 도입하는 것"이라고 단언한다.

광고주가 구글을 이용하는 이유는 영업기능의 자동화, 그리고 효율화 때문인 것이다. 그리고 그 때문에 어떤 업계가 파괴된다면 그것은 어쩔 수 없는 일이라며 에릭 슈미트는 이렇게 덧붙였다. "구글은 파괴자인가? 분명히 그럴 것이다. (…) 낡은 모델을 새로운 모델로 바꾸는 것이 자본주의의 과정이다. 혁신이 경제를 성장시킨다."

구글은 왕도(王道)를 거부한다. 왕도는 시대착오의 또 다른 이름에 불과하다. 모두가 왕도라고 생각하며 당연하게 여기는 시스템을 새로운 시스템으로 바꾸는 것이 구글이 하는 일이다. 파괴는 진보의 대가일 뿐이다.

"어느 날 밤, 갑자기 잠에서 깨어났다.
그때 '웹 전체를 다운로드해서
링크 기록을 분석하면 어떨까?'
하는 생각이 떠올랐다."

… 래리 페이지

래리 페이지는 스탠퍼드대학원의 컴퓨터과학부에서 테리 위노 그래드(Terry Winograd) 교수의 지도를 받으며 박사논문 주제를 찾고 있었다. 그는 원래 검색에는 그다지 관심이 없었으며 웹의 수학적 특성에 흥미가 있었다고 한다. 그런데 '링크'를 분석하면 뭔가를 규명할 수 있지 않을까 하는 생각을 서서히 하게 되었다.

학술연구지의 연구논문에는 반드시 인용이 따라온다. 과학자나 연구자는 논문을 쓸 때 수많은 논문을 참조하기 때문이다. 즉 다양한 논문에 자주 인용되는 논문은 그만큼 높은 가치를 지닌다. 실제로 학술정보의 세계에서는 '면역학에서 인용된 횟수가 가장 많은 논문은?', '인용된 횟수가 가장 많은 논문이 작성된 학교는?' 같은 것들이 매우 중요하다.

래리 페이지는 일반적인 정보의 세계에서도 웹에 걸린 링크의 수에 이와 동등한 중요성이 있지 않을까 생각했다. 링크는 의미 없이 걸리지 않는다. 그만한 가치가 있으니까 많은 사람들이 링크를 거는 것이다. 따라서 링크의 수를 알면 사이트의 인기도를 추측할 수 있으며, 이를 순위를 매기기 위한 데이터로 이용할 수 있을 것이다. 이러한 생각이 래리 페이지의 가설이자 구글의 중심 기술이 되는 알고리즘인 '페이지랭크'(PageRank)로 이어졌다.

"어느 날 밤, 갑자기 잠에서 깨어났다. 그때 '웹 전체를 다운로드해서 링크 기록을 분석하면 어떨까?' 하는 생각이 떠올랐다. 나는 즉시 펜을 쥐고 아이디어를 옮겨적었다." 아이디어가 떠오른 순간을 래리 페이지는 이렇게 회고했다.

래리 페이지는 테리 위노그래드 교수에게 2~3주면 웹 전체를 다운로드할 수 있다고 말했지만, 물론 그렇게 단기간에 끝날 리는 없었다. 그래도 그는 다운로드에 착수했고, 이윽고 그 도전에 매료된 수학천재 세르게이 브린이 연구에 동참했다. '래리-세르게이'라고 부를 만큼 일심동체가 된 두 사람의 연구는 이렇게 시작되었다.

"돈만 줬다면 누구한테라도
라이선스를 넘겼을 것이다.
그러나 아무도 검색에는
관심을 보이지 않았다."

… 래리 페이지

두 사람은 완전히 새로운 검색엔진을 만들기 시작했다. 물론 회사를 세워 일확천금을 노리려는 목적은 아니었다. 검색의 정확도를 높이자는 순수한 마음에서 비롯된 연구였다.

1997년, 만족할 만한 수준의 검색엔진이 완성되었다. 스탠퍼드대학 내의 웹페이지 검색용으로 출발한 이 검색엔진은 학생과 교수들 사이에서 높은 평가를 받았다. 그러나 두 사람은 이 기술을 밑천으로 회사를 세울 생각은 없었다. 이것은 어디까지나 박사학위를 받기 위한 연구였으며, 기술 자체는 검색엔진 회사에 매각할 작정이었다. 실제로 이듬해에는 당시 인터넷 검색엔진 시장에서 가장 큰 점유율을 차지하고 있던 알타비스타(AltaVista)의 검색기술 개발자이자 스탠퍼드대학의 선배이기도 한 폴 플래허티 (Paul Flaherty)에게 매매 의사를 타진했고, 익사이트(Excite)와 야후

(Yahoo!) 같은 기업에도 매각을 시도했다. 그러나 매각 교섭은 순탄치 않았다. 생각의 차이가 너무 컸다.

구글의 검색엔진은 사용자의 질문에 신속하게 대답하는 것이 목적이다. 그래서 구글 이용자는 검색결과를 통해 원하는 웹사이트로 빠르게 이동할 수 있다. 이에 비해, 가령 야후는 사용자가 야후 사이트에 최대한 오랫동안 머물면서 게임이나 쇼핑 등을 즐기도록 유도한다. '래리-세르게이'의 기술을 높이 평가한 야후의 공동창업자 데이비드 필로(David Filo)는 두 사람에게 스탠퍼드대학원의 박사과정을 그만두고 직접 회사를 차리는 것이 가장 좋은 방법이라고 조언했다.

래리 페이지와 세르게이 브린은 당시의 기분을 이렇게 말했다. "돈만 줬다면 누구한테라도 라이선스를 넘겼을 것이다. 그러나 아무도 검색에는 관심을 보이지 않았다. 그들은 미래를 예측하지 못한 것이다."

이후 두 사람은 검색엔진을 지속적으로 개량해나갔다. 대학을 그만두고 검색엔진 사업을 본업으로 삼을 것인지, 아니면 어디까지나 부업으로 여길 것인지 중대한 결정을 해야 하는 시기가 점점 다가왔다. 엔진의 정확도를 높이기 위해서 막대한 자금이 필요했지만, 돈을 벌 전망은 보이지 않았다. 그러나 주변의 걱정스러운 목소리에 래리 페이지는 항상 낙천적으로 대응했다. "어떻게든 해 보일 테니 지켜봐주세요."

"얼마나 거대한 것이 될지
나는 알지 못했다.
아니, 누구도 알지 못했다."

… 앤디 벡톨샤임

자금이 필요한 래리 페이지와 세르게이 브린은 지도교수 중 1
명인 데이비드 체리턴(David Cheriton) 교수에게 상담했다. 이에 데
이비드 체리턴 교수는 썬마이크로시스템즈(Sun Microsystems Inc.)
의 공동창업자이며 벤처기업에도 투자하고 있는 앤디 벡톨샤임
(Andy Bechtolsheim)을 소개해주었다.

앤디 벡톨샤임은 래리 페이지와 세르게이 브린의 기술을 높이
평가했다. "최근 몇 년 동안 들은 아이디어 중 최고군요. 나도 꼭
끼워주십시오." 그리고 그 자리에서 수표로 10만달러를 주었다.
하지만 당시 앤디 벡톨샤임은 구글이 이렇게 급성장하리라고 예측
한 것은 아니었다. 100만명쯤 이용하게 되면 이익이 좀 나겠지 정
도로 생각했다. 그는 이렇게 회고했다. "그것이 얼마나 거대한 것
이 될지 당시의 나로서는 알지 못했다. 아니, 누구도 알지 못했다."

수표를 받았지만 당좌예금 계좌가 없었던 래리 페이지와 세르게이 브린은 그 수표를 즉시 현금화하지 못한 채 일단 버거킹에서 조촐하게 자축연을 열었다. 당시의 두 사람에게는 값싼 햄버거가 자금조달을 축하하는 파티 음식이었다.

실리콘밸리의 유명인사인 앤디 벡톨샤임의 투자는 또 다른 투자를 불러들이는 계기가 되었다. 데이비드 체리턴 교수를 비롯해, 넷스케이프(Netscape Communications)의 영업책임자이기도 한 투자가 램 슈리램(Ram Shriram), 아마존(Amazon.com)의 창업자인 제프 베조스(Jeff Bezos) 등 출자자가 속속 나타났다.

래리 페이지와 세르게이 브린은 그 자금으로 자신들의 회사를 정식설립했고, 래리 페이지가 CEO, 세르게이 브린이 사장이 되었다. 최초의 사무실은 스탠퍼드대학과 인접한 멘로파크 시내에 있는 지인의 집 지하실 2곳과 자동차 2대분의 차고였다. 두 사람은 입구에 '구글 세계본부'라는 간판을 걸었다.

바로 그 무렵, 최전성기를 구가하던 마이크로소프트(Microsoft Corporation)의 빌 게이츠(Bill Gates)는 "가장 두려운 도전자가 누구입니까?"라는 질문에 "어딘가의 차고에서 완전히 새로운 무엇인가를 만들어내고 있는 친구들입니다"라고 대답했다. 그리고 이 말은 현실이 되었다.

"변화의 속도가 이래서는
도산하고 말 것이다."

… 래리 페이지

래리 페이지와 세르게이 브린은 정말 열심히 일했다. 빌린 차고 안에 온종일 틀어박혀 살았다. 그리고 이 무렵부터 자금흐름과 변화의 속도에 가속이 붙기 시작했다. 최고의 시스템을 만들려면 돈이 필요했고, 시간은 아무리 많아도 부족했다.

두 사람은 벤처캐피털에서도 투자를 받았다. 상대는 당시 최강의 출자회사였던 '클라이너 퍼킨스 코필드 & 바이어스'(Kleiner Perkins Caufield & Byers, 이후 클라이너 퍼킨스로 줄여서 표기)와 '세쿼이아 캐피털'(Sequoia Capital)이었다. 그러나 두 사람은 구글의 기술에 충격을 받고 출자를 열망하는 두 회사에 쉽게 출자를 허락하지는 않았다. 매출 제로에 이익을 올릴 수단도 없는 주제였지만, 스스로 구글의 가치는 1억달러가 넘는다고 믿고 있었기 때문이다. 결국 두 회사는 두 사람의 주장대로 2,500만달러를 출자했으며, 세르게이 브린은 이에 대해 이렇게 평가했다. "좋은 조건에 합의를 본 것 같군. 그쪽에서는 너무 비싸다고 생각하는 모양이지만, 사실 우리한테는 너무 저렴한 수준이야."

세르게이 브린의 말은 사실이었다. 이들이 투자한 지 5년 뒤, 구글의 주식공개로 두 회사가 보유한 구글의 주가가 30억달러에 이르렀기 때문이다.

2007년에 래리 페이지는 이런 말을 했다. "변화의 속도가 이래서는 도산하고 말 것이다. 지금의 시스템으로는 안된다. '애드워즈'(AdWords)가 구글 수입의 전부 아닌가? 지금의 시스템은 명백히 뭔가 잘못되어 있다. 회사가 존속하는 동안 문제점을 바로잡기 위한 합리적인 계획이 필요하다. '회사가 존속하는 동안'은 수십년 단위의 이야기가 아니다. 1~2년이다."

애드워즈는 2002년부터 구글이 본격적으로 제공하기 시작한 클릭당과금 방식의 검색연동형 광고서비스다. 과거에는 이익을 올리는 수단조차 없었던 구글도 2007년 무렵에는 이미 막대한 이익을 올리고 있었다.

그러나 끊임없이 변화해 더 좋은 것을 계속해서 만들어내지 않으면 어딘가의 차고에서 더 우수한 것이 탄생해 자신들은 잊혀질 것이었다. 이런 강렬한 위기감을 느낀 래리 페이지는 애드워즈를 과감하게 개혁하기를 바랐으며, 세부적인 수정에 그치려는 팀을 향해 일갈했다. "야심이 너무 부족해!"

"호출기업계가 사라져서 아쉬운가?
그렇지는 않을 것이다."

… 에릭 슈미트

기술의 급속한 진보는 오랫동안 번영하던 산업이나 기업을 일순간에 매장해버릴 때가 있다. 지금은 마차로 이동하는 사람이 거의 없지만, 과거에 마차업은 폭넓은 연관산업을 보유한 거대업계였다. 마차용채찍 제조업은 우량산업이었으며, 편자 제조에서 목장에 이르기까지, 방대한 영역에서 수많은 사람들이 일했다.

이와 마찬가지로 CD와 DVD도 급속히 과거의 유물이 되고 있다. 미디어를 비롯해 기존산업이 구글의 등장으로 어려운 처지에 몰리는 상황을 놓고 에릭 슈미트는 이렇게 말했다. "호출기업계가 사라져서 아쉬운가? 그렇지는 않을 것이다. 그 대신 휴대전화가 있기 때문이다. 아무리 애써도 우수한 대체품을 거역하는 것은 불가능하다."

인터넷에서 다운로드할 수 있게 되면 소비자는 CD나 DVD를 사지 않게 된다. 음악업계나 영화산업에는 뼈아픈 타격이겠지만, 다운로드를 하지 말라고 한들 소비자가 그것을 따를 리가 없다. 인터넷을 통해 모든 것을 단시간에 끝낼 수 있는 편리함에 익숙해지면 사람들은 과거의 업계에 눈도 돌리지 않게 된다.

기존업계가 존폐의 위기에 처한 책임이 구글에만 있는 것은 아니다. 아마존의 창업자인 제프 베조스는 이렇게 말했다. "인간은 편한 방향으로 향한다. 사람들이 책을 더 많이 읽게 하고 싶다면 편하게 독서할 수 있도록 만들면 된다."

그의 말대로다. 과거의 유물이 되지 않으려면 신흥세력을 비판하기 전에 사용자를 좀더 편하게 만들 방법을 궁리해야 한다. 이것이 선결과제다.

다만 신속함이 필수다. 래리 페이지는 변화의 속도에 대해 이런 말도 했다. "사람들은 '무어의 법칙'을 보편적인 규칙 중 하나일 뿐으로 생각하는 경향이 있는데, 사실 이것은 경영혁신에 관한 이야기다."

무어의 법칙은 "집적회로의 능력은 1년 반에서 2년 사이에 2배가 된다"는 경험법칙이다. 인텔(Intel)의 공동창업자인 고든 무어(Gordon Moore)가 1965년에 제창했으며, 지금은 각종 업계에서 폭넓은 인정을 받아 미래예측의 수단으로 사용되고 있다.

래리 페이지와 세르게이 브린에게 무어의 법칙은 구글의 비전을 표명하는 수단이다. "컴퓨터 반도체의 성능은 18개월마다 2배로 높아진다. 그것에 맞춰 미래를 실현하기 위한 체제를 갖추어야 하지 않겠는가?"

세르게이 브린은 또 기술진보의 속도를 말하는 무어의 법칙을 믿었다. 1998년에 세르게이 브린은 당시 3억개에 이른 웹페이지를 상대로 어떻게 검색엔진을 만드는가 하는 과제에 직면했다. 기술이 진보하지 않는다면 어려운 일이지만, 검색엔진을 만들고 있는 동안에도 기술은 점점 진보한다. 진보하는 기술을 도입하면서 만들어나가면 어려움을 극복할 수 있다. 이것이 세르게이 브린의 생각이었다.

'지금은 불가능해 보인다'는 사실은 미래의 가능성에 아무런 영향도 끼치지 못한다.

"구글은 6년이면 할 수 있습니다."

… 래리 페이지

래리 페이지가 2~3주면 웹 전체를 다운로드할 수 있다는 극도로 낙관적인 예측을 했을 때, 지도교수인 테리 위노그래드 교수는 그것이 불가능한 줄 알면서도 알겠다는 표정으로 고개를 끄덕였다. 래리 페이지는 그런 태도를 매우 고맙게 생각했다. 그때 만약 테리 위노그래드 교수가 불가능하다며 제동을 걸었다면 어떻게 되었을까? 구글은 탄생하지 못했을지도 모른다.

1996년 7월에는 모든 페이지의 15퍼센트를 다운로드했다. 웹 전체를 다운로드하려면 더 많은 용량과 자금이 필요했다. 그러나 래리 페이지는 낙관적인 자세를 잃지 않았고, 2002년에는 새로운 꿈에 도전했다. 그것은 대학의 방대한 장서를 전자화하는 프로젝트였다. 먼저 자신이 학창시절을 보낸 미시건대학에 연락하자 대학에서는 700만권에 이르는 책들을 전자화하려면 1,000년은 걸린다며 반론을 제기했다. 하지만 래리 페이지는 철저히 낙관적이었다. "구글은 6년이면 할 수 있습니다."

애초에 구글은 웹의 정보를 전부 다운로드한다는 비전에서 출발했다. 여기에 세상의 기술은 무어의 법칙대로 진보하고 있다. 대학의 장서를 전자화하는 데 1,000년이나 걸릴 리가 없었다.

이윽고 2006년 6월, 구글은 10억이 넘는 페이지를 사이트에 저장한 세계 최대규모의 검색엔진이 되었다. 쌓아올리면 높이가 113킬로미터나 되는 종이더미에 들어 있는 정보를 0.1초 안에 검색할 수 있는 셈이다. 그러나 세계에는 아직도 많은 정보가 남아 있다. 2009년, 부사장인 빈튼 서프(Vinton Gray Cerf)는 이렇게 말했다. "현시점에서 정리되어 있는 것은 불과 5퍼센트 정도다."

참고로, 래리 페이지와 세르게이 브린은 자신들이 만든 검색엔진에 10의 100제곱을 나타내는 '구골'(Googol)이라는 이름을 붙이고 싶었다. 그러나 누군가 이미 도메인을 선점했기 때문에 할 수 없이 '구글'(Google)로 정했다. 래리 페이지는 검색엔진에 '구골'이라는 이름을 붙이고 싶었던 이유를, 그 이름처럼 많은 페이지를 저장한 검색엔진을 만들고 싶어서라고 설명했다. 비전을 정하면 낙천적으로 그 비전을 향해 달려가는 사람다운 발상이다.

전세계의 정보를 다 기록하려면 계산상으로는 300년이 걸린다는 이야기도 있다. 구글의 길은 그야말로 '구골'을 향한 여정인 것이다.

"앞으로 20년 안에 달성하고 싶은 일 중에서는 가장 낮은 도달점이 될 것입니다."

… 세르게이 브린

뭔가를 이루어낸 사람에게는 2가지 길이 있다. 자신이 올린 성과에 만족하고 유유자적 살아가는 길과, 만족하지 않고 더 높은 곳을 지향하는 길이다. 래리 페이지와 세르게이 브린은 바로 후자를 선택한 사람의 전형이라고 할 수 있다.

2003년, 한 고등학교를 방문한 두 사람은 "구글이 당신들 커리어의 정점이라고 생각하나요?"라는 질문을 받았다.

세르게이 브린은 이렇게 대답했다. "앞으로 20년 안에 달성하고 싶은 일 중에서는 가장 낮은 도달점이 될 것이라고 생각합니다." 곧 이어서 이렇게 말하기는 했지만. "물론, 결국 우리가 만들어낸 것이 구글밖에 없다고 해도 그렇게 실망하지는 않을 겁니다."

검색엔진으로 세상을 바꿀 만큼의 성공을 거두었으면서도 그것을 가장 낮은 도달점으로 보며 앞으로 계속 나아가는 높은 이상이 참으로 놀랍다.

그래서 두 사람은 구글의 다(多)언어지원에도 적극적이다. 어느 날 두 사람은 동료들에게 이런 이메일을 보냈다. "놀라지 마십시오. 구글은 얼마 안 있어 프랑스어를 지원합니다. 그리고 독일어도 지원합니다. 또 이탈리아어, 스웨덴어, 핀란드어, 스페인어, 포르투갈어, 네덜란드어, 노르웨이어, 덴마크어도 지원합니다."

이것은 검색을 통해 인터넷 안의 정보에 접속하는 데는 성공했지만 언어가 달라 무슨 말인지 알 수 없는 사태에 대응하기 위한 것이다. 전세계 사람들이 전세계의 정보를 무료로 손에 넣어 효과적으로 사용할 수 있도록 한다는 두 사람의 비전을 생각하면 확실히 해결해야 하는 과제였다.

세계의 언어는 3,000개라고도 하고 8,000개에 이른다는 말도 있다. 다만 공용어 수는 97개이므로 이들 공용어를 전부 지원하면 일단 전세계에 사는 사람들은 전세계 정보를 대부분 접할 수 있게 된다. 구글은 2003년에 이미 100개에 가까운 언어를 지원하고 있다.

"좀더 많은 이익을 원합니까, 아니면 아라비아어 뉴스를 원합니까?"라는 질문을 받자 에릭 슈미트는 망설임 없이 대답했다. "아라비아어 뉴스를 원합니다."

"나한테 보여줄 필요는 없습니다.
당신을 백퍼센트 신뢰하니까."

··· 래리 페이지

구글에서는 항상 100개가 넘는 프로젝트가 진행되고 있으며, 제품의 수도 100개를 훌쩍 넘어간다. 그 프로젝트들이 모두 순조롭게 진행되어 성공하는 것은 아니다. 기대대로 진행되지 않는 경우도 있고 실패작도 있다. 그럴 때 래리 페이지와 세르게이 브린은 어떻게 대응할까?

그들은 성공하기 위한 유일한 방법은 수없이 실패하는 것임을 이해하고 있는 듯하다. 국제 인터넷영업 겸 운영담당 부사장인 셰릴 샌드버그(Sheryl Sandberg)가 비영리단체의 검색연동 광고를 모아 무료로 사이트에 게재하는 프로젝트를 진행했을 때 있었던 일이다. 두 사람은 이익을 올리는 것에 대해서는 아무런 말도 하지 않고 "왜 사업이 더 빠르게 성장하지 않는 겁니까?"라고만 물었다. 그래서 셰릴 샌드버그는 프로젝트의 전개 속도를 높였는데, 그 과정에서 극소수의 단체에 과도한 광고를 주는 실수를 저질렀다.

셰릴 샌드버그는 래리 페이지의 사무실을 찾아가 사과했다. "정말 큰 실수를 저질렀습니다. 좀더 일찍 깨달아야 했는데……." 그러자 래리 페이지가 도중에 말을 가로막더니 이렇게 말했다고 한다. "프로젝트를 빠르게 전개한 탓에 저지른 실수니까 괜찮아요. 나는 오히려 기분이 좋을 정도예요. 만약 너무 느린 속도로 진행하다가 기회를 잃어버렸다면 크게 화를 냈을 겁니다."

그래도 자책감을 떨칠 수 없었던 셰릴 샌드버그는 똑같은 실수를 저지르지 않기 위해 10개조를 만들겠다고 말했다. 래리 페이지는 이렇게 말했다. "나한테 보여줄 필요는 없습니다. 당신을 백퍼센트 신뢰하니까."

구글에서는 준비부족이나 안일한 예측으로 실패하는 것은 용납되지 않지만, 변화를 일으키려고 도전하다가 실패하는 것은 얼마든지 허용된다.

Golden Rules

1

채용은 위원회에서 담당한다
하버드대학보다 들어가기 어려운 구글

채용은 위원회에서 담당한다

구글에서 채용 면접장에 들어가는 사람은 최소 6명 이상의 경영진이나 미래의 동료들과 이야기를 나누게 된다. 더욱 공평을 기하기 위해, 또 채용기준을 높이기 위해 모든 면접관들의 의견을 고려한다. 시간은 걸리지만 그만큼 가치가 있다. 훌륭한 인재를 고용해 그 사람을 다음번의 채용 면접에 참가시키면 더욱 훌륭한 인재를 고용할 수 있기 때문이다. 구글은 설립 초기부터 이런 긍정적인 피드백을 구축해 커다란 성과를 올렸다.

미국에서 가장 일하기 좋은 회사로 손꼽히는 구글에는 매달 10만명이 넘는 입사희망자가 모여든다. 그들의 수준도 높다.

　　예전에 고속도로가에 이런 문구가 적힌 플래카드가 걸려 있었다. "자연로그의 밑 e를 숫자로 표시할 때 처음 나타나는 10자리 소수.com"

　　구글이라는 표시는 어디에도 없지만, 인터넷에서 해답(7427466 391.com)을 입력하면 다음 문제가 나타난다. 그 해답을 다시 입력하면 드디어 구글의 인재모집 광고임이 밝혀진다. 거기에는 이렇게 적혀 있다. "우리는 세계 최고의 엔지니어를 찾고 있으며, 당신이 바로 그 인재다."

　　이렇게 특이하면서도 어려운 과정을 거쳐서 채용된 인재는 입사일에 이런 말을 듣고 '구글러'(구글의 직원)로서 자부심을 가슴에 새긴다. "구글의 합격률은 하버드대학의 합격률보다 낮다." 이 말에 기운이 솟지 않는 사람이 얼마나 될까?

　　인재채용은 기업의 생명선이다. 그러나 구글만큼 시간과 수고와 비용을 들여 인재를 뽑는 기업은 또 없을 것이다. 그 이유는 무엇일까? 구글이 찾는 인재는 어떤 인재일까? 그리고 여러분은 구글의 기준에 부합하는 능력을 얼마나 지니고 있을까?

"내가 악마에게 영혼을 판다는
내용의 계약서를 작성해주십시오."

··· 세르게이 브린

　일반적으로 대기업이 되면 최고경영자는 간부급 이외에는 채용에 관여하지 않는다. 일반직원 채용은 인사부가 담당한다. 그러나 구글은 다르다. 최종적으로는 창업자 2명이, 그게 무리라면 적어도 둘 중 1명은 반드시 면접에 참여한다. 이미 여러 단계를 걸쳐 면접을 실시한 뒤에 이들이 마지막으로 후보자를 면접하는 것이다. 상당히 비효율적으로 보이지만, 그만큼 채용을 중요하게 생각한다는 의미다.

　면접에서는 날카로운 질문이 쏟아진다. 나중에 소비자제품담당 디렉터가 되는 마리사 마이어(Marissa Mayer)는 한 엔지니어한테서 박사학위 구술시험에 버금가는 수준 높은 질문을 받았고, 이후 세르게이 브린이 1시간 이상 퍼부어댄 질문공세를 견뎌낸 끝에 합격할 수 있었다.

또 하버드대학 로스쿨 출신인 알리사 리(Alissa Lee)는 면접에 나온 세르게이 브린한테서 이런 요구를 받았다. "(변호사로서) 당신이 얼마나 유능한지 알고 싶습니다. 나를 위해 계약서를 써주십시오. 다만 시간이 오래 걸리면 안됩니다. (주제는) 내가 악마에게 영혼을 판다는 내용의 계약서를 작성해주십시오."

세르게이 브린은 계약서를 30분 이내에 작성해서 이메일로 보내라고 했다. 너무나 의외의 요구에 당황한 알리사 리는 면책사항이나 영혼의 대가로 무엇을 요구하는지 따위 중요한 내용을 물어볼 생각도 하지 못했지만, 곧 세르게이 브린의 의도를 깨달았다. '내가 예상하지 못한 상황에서도 그것을 오히려 재미있게 생각하고 능숙하게 수완을 발휘할 수 있는 사람인지 알고 싶은 거구나.'

알리사 리는 구글에 채용되었고, 나중에 법무부문 부책임자가 되었다. 이렇게 구글이 요구하는 인재는 상식에 건전한 의문을 품고, 상식을 뒤엎는 발상을 할 줄 아는 사람이다.

이런 능력을 지닌 사람을 채용하려고 한다면 면접담당자가 꼭 인사부 사람일 필요는 없다. 면접관으로서 적성이라든지 충분한 훈련을 받는지 여부와 상관없이, '나를 능가하는 사람'을 채용하자는 의욕을 품고 면접에 임할 것이 틀림없기 때문이다. 오히려 안이한 생각으로 면접을 인사부에 맡기면, 면접관의 복제품 같은 사람이나, 부리기 쉬울 것 같은 사람만 채용하는 위험이 높아지지 않을까?

"비행기에서 이 사람과
몇 시간 동안 같이 앉게 되었다면
어떤 기분이 들까?"

··· 구글의 비행기 테스트

사실 구글이 인재를 채용할 때 가장 중시하는 것은 객관적인 데이터다. 예를 들면 SAT(미국의 대학진학 적성시험) 점수나 대학 성적, 학위 등이다. 다만 데이터만으로 결정을 내리지는 않는다. 여러 사람이 면접에 관여함으로써, 채용기준이 크게 한쪽으로 치우치는 사태를 방지한다.

또 자아가 너무 강한 사람은 배제한다. 구글의 업무는 대부분 팀 단위로 진행되기 때문이다. 아무리 재능이 뛰어나도 팀워크가 불가능할 정도로 자아가 강하면 그 사람의 고집에 모두가 휘둘려 생산성이 크게 저하되고 만다.

구글에서는 팀워크가 가능한지 보고자 '비행기 테스트'라고 부르는 심사도 한다. 면접관들이 합격 후보자를 놓고 "비행기에서 이 사람과 몇 시간 동안 같이 앉게 되었다면 어떤 기분이 들까?"

라는 주제로 이야기를 나누는 것이다. 객관적인 데이터와는 다른 감성적인 방향에서 합격 후보자를 봄으로써 팀 멤버로 맞는지 살핀다.

이렇게 해서 직원을 채용하는 구글의 분위기를 한 여성 직원은 이렇게 말했다. "동료들을 좋아합니다. 그들은 매우 우수합니다. 우리는 함께 일하며, 그 업무가 세계에 영향을 줍니다. (…) 게다가 이곳 직원들은 매우 세련되고, 단순히 업무에만 몰두하는 것이 아니라 조화를 갖춘 원만한 사람들입니다."

피터 드러커는 이렇게 강조했다. "조직은 내일의 매니지먼트에 적합한 사람을 오늘 준비해야 한다." 인재를 준비하지 못하는 기업은 변화를 따라가지 못하고 도태되고 만다.

그만큼 커다란 의미가 있는 채용에 기업은 얼마나 많은 시간과 수고와 비용을 들이고 있을까? 기업마다 나름의 노력을 하고 있음은 분명하다. 그러나 그 노력은 응모자를 '모으는' 데 집중될 뿐 '선택'에 들이는 노력은 충분치 않아 보인다.

인재의 수준을 높게 유지하기 위해 반드시 하버드대학보다 어려운 시험이 필요하지는 않을 것이다. 중요한 것은 인재를 찾는 일의 어려움과 중요성을 알고, 남의 일이 아니라 자신의 일처럼 생각하며 채용에 임하는 진지함이다.

"예비지식이 너무 많으면
혁신을 방해할 수 있다."

… 앨런 유스터스

구글에서는 과거 실적이나 경험보다 객관적인 데이터를 중시한다. 래리 페이지와 세르게이 브린에게 경험이나 실적은 그다지 큰 가치를 지니지 않는다. 인터넷비즈니스에 정통한 30대의 입사 희망자가 15회나 면접을 본 끝에 SAT 점수와 대학 성적이 나쁘다는 이유로 불합격되었다고 한다.

일반적으로 신흥기업은 경험이 풍부한 인재를 찾는다. 그런데 구글이 경험을 중시하지 않는 이유는 무엇일까? 엔지니어링부문의 채용책임자인 앨런 유스터스(Alan Eustace)는 그 이유를 이렇게 설명했다.

"예비지식이 너무 많으면 혁신을 방해할 수 있다. 지금 일어나고 있는 사태에 관해 너무 많이 알고 있으면, 지금 하는 일이 좋은 결과를 가져오지 않을 거라고 결론 내릴 이유를 열 손가락으로도 모자랄 만큼 많이 생각해내기 때문이다."

예비지식, 즉 경험이나 실적은 뭔가를 보수하거나 재생산하는 일에는 긍정적으로 작용하는 경우가 많다. 그러나 창조나 개혁에는 부정적으로 작용할 때가 종종 있다. '불가능한 이유'를 찾아내는 데 경험이나 실적이 사용되기 때문이다. "전에 해봤지만 좋지 않았다", "지금까지 하던 방법으로도 충분히 성과를 올릴 수 있다"는 식이다.

2003년에 한 고등학교에서 래리 페이지는 학생들에게 이런 이야기를 했다. "이렇게 하자고 결정한 목표를 향해 나아갈 때는 조금 얼간이가 되어야 합니다. 제가 대학에서 배운 말 중에 이런 것이 있습니다. '불가능하다고들 생각하는 일은 최대한 무시하는 자세로 임할 것!' 이건 정말 좋은 말입니다. 가능할 리가 없다고들 생각하는 일에 도전해야 합니다."

구글 창업 이래 변하지 않은 슬로건 중 하나인 "불가능이라는 단어에 건전한 의문을 품자"도 이와 똑같은 진취적인 정신을 나타낸다.

인재를 채용할 때 과거에 무엇을 이루었는지를 지나치게 중시하면 과거의 연장선상에서 전략을 세울 수밖에 없게 된다. 변화의 속도보다 빠르게 자신을 바꾸고 새로운 미래전략을 그리고 싶다면 선입견 없이 불가능에 도전할 수 있는 사람을 채용하는 편이 유익하다. 구글이 데이터를 중시하는 것은 그런 의미다.

"CEO로는 스티브 잡스가
최고인데 말이지."

… 래리 페이지, 세르게이 브린

래리 페이지와 세르게이 브린은 채용과정에서 몇 단계에 걸쳐 면접을 실시하고, 최종적으로 자신들도 면접에 참여함으로써 구글의 기업문화를 쌓고 지켜왔다. 물론 일반직원뿐만 아니라 CEO를 뽑을 때도 당연히 이 방식을 사용했다.

당시 아직 아무런 이익도 내지 못하던 구글에 투자하기로 한 클라이너 퍼킨스와 세쿼이아 캐피털은 경험이 풍부한 업계 간부를 고용하겠다는 약속을 두 사람한테서 받아냈다. 2,500만달러나 투자했으니 당연한 일이다. 클라이너 퍼킨스의 담당자인 존 두어(John Doerr)는 '(구글은) 괜찮은 보석이지만 조금 더 다듬을 필요가 있다'고 봤으며, 자신들은 신뢰할 만한 인물을 구글에 CEO로 보낼 자격이 있다고 생각했다.

그러나 래리 페이지와 세르게이 브린은 그렇게 생각하지 않았다. 1995년부터 2001년까지 75명이 넘는 후보자를 검토했으면서도 "CEO로는 스티브 잡스가 최고인데 말이지"라며 이사 선임을 망설였다.

그러다 존 두어의 추천으로 결국 최종결정된 사람이 썬마이크로시스템즈의 CTO(최고기술책임자)를 거쳐 소프트웨어 개발회사 노벨(Novell Inc.)의 CEO가 된 에릭 슈미트였다.

처음에 에릭 슈미트는 제의에 응할 생각이 없었다. 검색사업이 전망이 밝을 리가 없다고 생각했기 때문이다. 그러나 세르게이 브린, 래리 페이지를 직접 만나고 검토한 결과 구글이 옳다고 확신해 교섭이 성립되었다.

"회장이라고 말하니 받아들이겠네. 장기적으로는 CEO를 맡겨주게." 이 말대로 에릭 슈미트는 곧 구글의 CEO로 취임했다. 이 과정을 지켜본 세쿼이아 캐피털의 담당자 마이클 모리츠(Michael Moritz)는 설령 시간이 걸리더라도 걸출한 인재를 채용하는 일이 대단히 중요함을 새삼 깨달았다고 한다.

구글은 창업자 두 사람의 개성과 이상이 강렬하게 반영된 기업이다. 그것을 지키고자 두 사람은 자신과 비슷한 인재를 채용하는 데 집착했다. 첫 번째 직원으로 채용한 스탠퍼드대학의 대학원생 크레이그 실버스타인(Craig Silverstein)도 두 사람과 매우 닮은 사람이었다. 컴퓨터광이며 머리가 매우 비상했다. 그리고 이상주의자였다. 래리 페이지와 세르게이 브린은 이상을 품은 인재만 찾겠다고 결정했으며, 그 방침을 줄곧 지켰다.

그러나 창업한 지 불과 2년 뒤인 2000년에는 직원 수가 150명에 이르렀다. 이렇게 직원이 급증하면 으레 따라오는 것이 '고용의 악순환 현상'이다.

창업자는 A급 인재를 채용한다. 두뇌가 비상하고 능력도 완벽하며 회사의 이상을 체현하는 인재다. 그래서 고용자는 그 A급 인재에게 다음 채용을 위임한다. 그들은 물론 A급 인재를 채용하지만, 부리기 편한 부하직원을 두고자 B급 인재도 채용한다. 이윽고 B급 인재가 채용을 담당하게 된다. 그들은 B급 인재도 채용하지만, 자신에게 위협이 되지 않는 말 잘 듣는 C급 인재도 채용한다. 이것이 반복되면 A급 인재만으로 출발한 기업도 결국에는 C급이나 D급 인재로만 가득 차게 된다. 창조성 넘치며 독창적이던 기업문화는 사라지고, 평범한 제품밖에 만들어내지 못하는 기업으로 전락하고 마는 것이다.

래리 페이지와 세르게이 브린이 두려워한 것은 바로 이러한 고용의 악순환 현상이었다. 이런 사태를 막으려고 최고경영자의 직접면접과 함께 고안해낸 것이 다수의 직원이 모든 입사희망자를 검토하는 방식이었다.

"구글에서 일하는 것을 즐기고, 뭔가 만들어내기 좋아하며, 돈만을 위해 일하지 않는 인재를 채용하는 것에 집착하기" 위해 처음에는 모든 직원이 면접을 보고 모두의 의견을 바탕으로 채용을 결정했다.

지금도 기본은 변하지 않았다. 사내에 수백명에 이르는 채용위원회가 있으며, 정기적으로 열리는 회의에서 후보자에 관한 정보를 공유한다.

"가장 중요한 것은,
불가능하다는 말을 경멸하는
인재를 찾아내는 것이다."

… 앨런 유스터스

구글은 그저 인기에 안주해 응모자들을 기다리고만 있지 않는다. 스탠퍼드대학이나 마이크로소프트의 영향권이라고 할 수 있는 워싱턴대학 등 미국 유수의 대학에서 적극적으로 구인활동을 펼치고 있다. 우수한 응모자를 모은 다음 어려운 채용시험을 반복하는 것이 구글의 방식이다.

채용 여부에 대해 래리 페이지와 세르게이 브린은 다음과 같은 명확한 기준도 정해놓았다.

"가장 중요한 것은 우리가 우수한 인재, 생산적인 인재, 불가능하다는 말을 경멸하는 인재, 우수한 리더십을 지닌 인재, 재미있는 인재를 찾아내는 것이다. 능력에 비해 자아가 지나치게 강하거나 팀워크가 불가능한 사람은 피한다."

이러한 채용활동 결과 어떤 일이 일어났을까? 마이크로소프트

같은 대기업에서 수많은 인재가 구글로 넘어왔다. 엄청난 인재의 이동에 다른 실리콘밸리의 기업들은 두려움에 빠졌다. 회계소프트웨어 개발회사인 인투잇(Intuit Inc.)의 창업자이며 애플의 사외이사이기도 한 빌 캠벨(Bill Campbell)은 이렇게 말했다. "구글은 실리콘밸리의 기업들이 만족시켜야 할 기준을 끌어올렸다. 우수한 엔지니어를 발견하면 구글에 빼앗기기 전에 채용해야 한다는 압박을 모두가 느끼고 있다."

물론 비판적으로 바라보는 사람도 있다. "구글은 놀랄 만큼 많은 지적자본을 축적했다. 구글에는 앞날이 두려울 만큼 무서운 재능꾼들이 모여 있다." "구글은 기업 생태계에서 타인 몫의 산소까지 들이마시고 있다."

그러나 구글은 결코 현재상황에 안주하지 않는다. 채용방식도 항상 개량을 거듭하고 있는 듯하다. 세계 최고의 인재를 모아서, 세계 최고의 환경을 제공해, 세계 최고의 일을 한다. 구글의 채용활동은 여기에 집중되어 있다.

"사람은 수입만을 위해서 일하는 것이 아니라고 느꼈을 때 내부에 숨어 있던 창조성을 발휘한다."

… 앨 고어

지금처럼 널리 평가받지 못하던 시절부터 구글에는 우수한 인재들이 모여들었다. 급여가 특별히 많은 것도, 고수익기업도 아니었다. 역사도 일천하며, 회사를 경영하는 사람은 백전노장의 베테랑이 아니라 젊은 창업자들이었다. 그럼에도 발군의 인재들이 모여든 데는 다 이유가 있다.

구글의 컨설턴트 겸 어드바이저가 된 미국의 전 부통령 앨 고어(Al Gore)는 그 이유를 구글의 기업문화에서 찾았다. "사람은 단순히 자신의 수입이나 기업의 실적, 또는 이익을 위해서만 일하는 것이 아니라고 느꼈을 때 내부에 숨어 있던 창조성을 크게 발휘하게 마련이다. 자신이 세상을 좀더 좋은 곳으로 만들기 위해 일하고 있음을 자각할 때의 느낌은 그저 기분이 좋다는 식의 단순한 것이 아니다."

1999년, 세르게이 브린과 래리 페이지는 사용자와 친구들에게 뉴스레터를 보냈다. "우리는 웹에 최신이자 최상의 기술을 가져다줄 우수한 인재를 계속 채용하고 있습니다." 뉴스레터에는 구글에서 일하는 이유가 여러 가지 소개되어 있었다. 스톡옵션, 공짜 음식……. 그리고 이런 말도 있었다. "당신이 만든 소프트웨어를 몇백만명이나 되는 사람들이 사용하도록 할 수 있으며, 그 사람들한테서 감사 인사도 받을 수 있습니다."

자신이 하는 일이 인정받는다는 것은 사회적 존재인 인간에게 본능적인 기쁨이다. 하물며 상사나 거래처, 가족에게 인정받아도 커다란 기쁨을 느끼는데 수만명, 아니 수백만명, 수억명이 인정해준다면 그 기쁨이 어느 정도일까? 그러한 기쁨은 그대로 의욕이 되며 창조력이 된다.

이것은 구글에만 해당되는 이야기가 아니다. 애플 초창기에 개인용컴퓨터의 명작 매킨토시 개발을 담당한 젊은 엔지니어들은 말 그대로 맹렬히 일했는데, 이것은 "멋진 컴퓨터를 만들어서 세계에 충격을 주고 세상을 바꾸자"는 스티브 잡스의 말이 그대로 자신들의 꿈이 되었기 때문이다.

훌륭한 재능이 모이는 이유는 기업의 규모나 급여 때문이 아니다. 바로 자신이 하는 일이 세상에 영향을 주고 세상을 바꾼다는 장대한 비전 때문이다. 기업은 어떤 비전을 내세우는지에 따라 어떤 사람을 채용할 수 있는지가 정해진다.

Golden Rules

2

필요한 것은 모두 충족시킨다
풍족한 복리후생으로 생산성을 높인다

필요한 것은 모두 충족시킨다

피터 드러커는 이렇게 말했다. "지식노동자에게 방해되는 것들을 전부 제거해야 한다."

그래서 우리는 유급휴가와 건강보험 등 표준적인 복리후생과 함께 다양한 편의시설을 제공하고 있다. 1등급 식사, 헬스클럽, 세탁실, 마사지실, 미용실, 세차시설, 드라이클리닝, 출퇴근용 버스 등이 그것이다.

맹렬히 일하는 엔지니어가 필요로 할 만한 것들을 모두 마련해주어서, 일하는 데 방해되는 것들을 제거하려고 노력한다. 프로그래머는 프로그램을 짜고 싶어하지, 세탁물을 고민하고 싶어하지는 않는다.

구글은 사내에서 무료로 식사를 제공한다. 그 식사의 수준은 아마 세계 최고라고 해도 과언이 아닐 것이다.

'무료 식사 제공' 계획은 창업 직후인 1998년, 캘리포니아 주 팔로알토로 사무실을 옮기고 정식으로 '구글 세계본부'라는 간판을 내건 무렵부터 시작되었다. 직원이 12~13명밖에 없을 때도 세르게이 브린은 유명 록밴드의 요리를 담당했던 요리사 찰리 아이어스(Charlie Ayers)를 영입하려고 했다.

한편 다른 기업들은 어떤가? 과거에는 복리후생 수준을 서로 경쟁하던 시기도 있었다. 하지만 불황을 이유로, 실적을 이유로 복리후생은 점점 줄어들었고, 당연히 있어야 할 복리후생까지 '급여에 포함되어 있다'는 이유를 내세우며 삭감하고 있다. 게다가 그렇게 하는 것이 글로벌스탠더드이며 세계의 상식이라고 주장한다.

그러나 실리콘밸리로 눈을 돌리면, 그들은 복리후생을 충실히 하는 추세다. 특히 구글은 놀라운 수준의 복리후생을 갖춤으로써 직원들의 창조성을 이끌어내려 하고 있다. 많은 기업이 '세계의 상식'에 얽매인 채 복리후생을 줄이는 동안 구글은 '상식적으로 생각'한 결과 복리후생을 철저히 강화하고 있는 것이다.

이 차이는 도대체 어디에서 나오는 걸까? 그들의 말을 통해 살펴보자.

" '통설을 의심하는 자세'와 '상식'이 결합된 결과다."

··· 세르게이 브린

구글의 직원들은 셀 수 없을 만큼 많은 복리후생 서비스를 누릴 수 있다. 창업 직후부터 래리 페이지와 세르게이 브린은 구글에서 일하는 것의 이점으로 최첨단기술이나 스톡옵션과 함께 무료 스낵과 음료수를 내걸었다. 이것은 당시에 거의 전례가 없는 일이었다.

회사규모가 커짐에 따라 복리후생은 점점 늘어났다. 직원이 100명 전후일 무렵에는 이미 무료 식사와 몸에 좋은 주스, 스낵이 잔뜩 준비되어 있었다. 게다가 세탁기와 미용실, 치과, 세차장, 탁아소, 피트니스 시설까지 서서히 갖춰졌다. 프로 마사지사가 사내에 상주하고 있는 기업은 구글 말고는 아마 거의 없을 것이다. 놀이도구도 풍족하게 준비되어 있어서 비치발리볼이나 테이블축구, 롤러하키 등을 할 수 있다.

아무리 급성장하고 있다고는 하지만 지나치다, 귀중한 자금을 낭비하고 있다며 우려하는 벤처캐피털리스트도 있었다. 그러나 세르게이 브린은 이렇게 말하며 조금도 개의치 않았다. "대부분은 상식적으로 생각한 결과다. 아니, '통설을 의심하는 자세'와 '상식'이 결합된 결과라고 말하는 편이 옳을지도 모르겠다."

IT산업은 지식집약형 산업이다. 이는 바꿔 말하면 노동집약형 산업이라는 뜻이다. 기계가 아니라 사람이 일해야 가치를 낳을 수 있다. 당연히 노동시간은 매우 길며 두뇌와 체력을 극한까지 소모한다.

그런데 회사의 편의시설이 집보다 좋다면 장시간의 가혹한 노동도 즐겁게 느껴진다. 병원에 가거나 이발하는 시간도 절약할 수 있으며, 출퇴근용 버스 안에서 다른 데 신경쓰지 않고 무선랜을 이용해 작업할 수도 있다. 그리고 이런 환경은 일에 대한 만족감을 더욱 높인다.

또한 충실한 복리후생은 사내에 바람직한 기업문화를 형성하며 직원의 확고한 충성심을 낳는다. 복리후생은 낭비가 아니라 오히려 생산성을 높이는 경제적 효과가 있다는 것이 구글의 생각이다. 언뜻 비상식적으로 보이지만 사실은 이치에 맞는 일의 전형적인 예라고 할 수 있으리라.

"우리 회사에는 요리사가 필요해."

… 세르게이 브린

1998년에 구글에서 입사 제의를 받은 요리사 찰리 아이어스는 처음에는 그 제의를 거절했다.

세르게이 브린은 이렇게 생각했다. "우리 회사는 몇만명이 일하게 될 거야. 그러니 요리사가 필요해." 몸에 좋고 맛있는 식사를 무료로 제공하면 직원들이 좋아할 뿐만 아니라 회사 홍보도 될 것이라고 생각했다.

그러나 찰리 아이어스는 "직원이 12~13명밖에 안될 뿐만 아니라 아직 수익도 올리고 있지 못한 회사가 무슨 요리사가 필요하다는 거지?" 하고 의아하게 생각해 거절했다.

그런데 8개월 뒤, 직원이 45명으로 늘어난 구글이 '스톡옵션을 받을 수 있는 요리사 자리는 이곳밖에 없다'는 문구로 요리사를 모집하고 있음을 안 찰리 아이어스는 그 자리에 응모했다.

구글은 요리사를 채용할 때도 엄격했다. 다른 응모자는 실기시험에서 불합격되었고, 찰리 아이어스가 합격해 56번째 직원이 되었다.

세르게이 브린은 찰리 아이어스에게 이렇게 요청했다. "직원들이 회사 밖으로 나가고 싶다는 생각이 들지 않는, 그리고 직원들의 생산성을 높이는 음식을 만들어주세요. 하나 더, 매일 출근했을 때 오늘 무슨 음식이 나올지 알 수 없도록 해주세요."

당시 구글의 직원들은 모두 젊었기 때문에 햄버거나 핫도그 따위를 좋아했다. 그러나 세르게이 브린은 생산성을 감퇴시키는 그런 빈약한 식사 패턴을 바꾸고 싶었다. 하던 일을 신경쓰면서 레스토랑까지 왕복하는 시간 낭비를 줄이고, 스트레스도 해소하도록 하고 싶었다. 그러려면 질 좋고 몸에 이로운 식사를 할 수 있는 사내식당이 필요했다. 모두 사내식당에 모여서 같이 식사하면 커뮤니케이션도 원활해지고 연대감도 강해질 것이 틀림없었다.

2004년에 구글은 현재의 본사가 있는 마운틴뷰로 이전했는데, 그 무렵에는 레스토랑보다 맛있는 식사를 무료로 제공하는 회사라는 평가를 받았다. 찰리 아이어스는 그로부터 반 년 뒤 회사를 떠났는데, 래리 페이지는 이런 말로 그에게 찬사를 보냈다. "찰리는 자신이 최선이라고 믿는 일을 하며 혼자서 실리콘밸리의 음식 서비스 문화를 바꿔놓았다. 모두를 쾌적하고 행복하게 만드는 방법으로 말이다."

에릭 슈미트도 "찰리는 우리를 위해 이곳에 문화를 만들어주었다"며 크게 칭찬했다. 맛있는 무료 식사는 구글의 문화에 큰 공헌을 한 것이다.

"장기적으로 복리후생을 더욱 강화할 것이다. 라이벌 회사들도 우리 수준에 맞출 수밖에 없을 것이다."

… 래리 페이지

구글의 충실한 복리후생과 거액의 보너스, 스톡옵션은 구글을 '가장 일하고 싶은 회사'로 만드는 데 크게 공헌했다. 실제로 세계 어떤 직장과 비교해봐도 구글이 가장 많이 직원들의 행복을 바라고 있다고 생각될 정도다. 게다가 래리 페이지는 2004년에 '성장하는 구글'이라는 자신감을 배경으로 이런 명언을 남겼다. "장기적으로 우리는 복리후생을 줄이는 것이 아니라 더욱 강화할 것이다."

세르게이 브린도 이렇게 단언했다. "우리는 차고에서 활동하던 황금기 시절을 그리워해서는 안된다. 우리 목표는 성장과 함께 회사를 더욱 좋게 만드는 것이다. 우리는 기업문화를 비롯한 여러 가지 문제에 대처할 수 있는 자원을 전보다 더 많이 보유하고 있다."

분명히 엔지니어는 프로그래밍이라면 밤을 새워서라도 하지만 다른 잡일에는 시간을 빼앗기고 싶어하지 않는다. 모든 일을 회사에서 처리할 수 있도록 하는 것은, 요컨대 업무와 상관없는 낭비를 줄여서 철저히 일에 집중할 수 있는 환경을 만드는 작업이다.

스탠퍼드대학 시절, 래리 페이지와 세르게이 브린은 "단돈 1달러라도 절약할 방법이 있다면 지구 끝까지 찾아갈 친구들"이라는 말을 들을 만큼, 컴퓨터 인프라 구축에 쓸데없는 돈을 들이기를 싫어했다. 그런 두 사람이 일하기 편한 환경을 만드는 데는 아낌없이 돈을 썼다는 점이 놀랍다.

실리콘밸리에는 우수한 엔지니어가 속속 모여들고 있지만 기업도 계속해서 태어나고 있다. 더불어 인재획득 전쟁도 점점 치열해지고 있다. 그런 가운데 창업한 지 얼마 안된 기업이 다른 회사를 이기려면 강렬하게 차별화를 의식할 수밖에 없다. 구글이 실시한 복리후생 정책에는 이런 측면도 있었다.

이것은 같은 업종의 다른 회사가 만족시켜야 할 기준을 끌어올리는 등 커다란 영향을 끼쳤는데, 이와 관련해 래리 페이지는 이렇게 대답했다. "우리가 직원들을 위해 한 일은 주목을 받았으며, 그것은 바람직한 일이다. 라이벌 회사들도 어느 정도 우리의 수준에 맞출 수밖에 없을 것이다."

"무료 서비스를 기득권처럼 생각하는
구글러에게는 진절머리가 난다."

… 세르게이 브린

2004년에 래리 페이지는 앞으로 복리후생을 더욱 강화하겠다고 약속했다. 하지만 2008년이 되자 그 역시 일부 복리후생을 재검토할 수밖에 없게 되었다. 성장 속도가 느려짐에 따라 영업경비를 절감하고 낭비를 배제할 필요가 생겼기 때문이다.

한 예로 하이브리드 자동차를 구입하면 일률적으로 5,000달러나 되는 보조금을 지급하던 제도가 폐지되었다. 사내식당의 영업시간이 단축되고 메뉴도 줄어들었다. 무료 서비스 중 일부가 중지되었으며, 사내 보육원에 대한 보조도 삭감되었다.

《뉴욕타임스(The New York Times)》는 '구글도 보통 회사가 되고 있다'는 제목을 달았는데, 애초에 보통을 훨씬 뛰어넘는 수준이었으니 어쩔 수 없는 측면도 있다. 앨런 유스터스에 따르면, 페트병에 든 미네랄워터만 해도 직원 2만명이 이용하면 1년에 100

만달러라는 비용이 들어간다고 한다.

구글의 홍보담당자는 부정했지만, 《뉴욕타임스》에 따르면 이런 사태에 관해 세르게이 브린이 이렇게 말했다고 한다. "미네랄워터와 M&M초콜릿 등의 무료 서비스를 마치 기득권처럼 생각하는 구글러에게는 진절머리가 난다."

회사가 커지고 직원이 늘어나면 작은 서비스에도 막대한 금액이 들어간다. 구글의 특전은 워낙 특출했기 때문에 회사가 성장함에 따라 타당성을 재검토하는 것은 당연한 과정이기도 하다.

하지만 지금까지 구글은 직원들의 다양한 요청에 "예스"라고 대답해온 만큼, 처음으로 던진 "노"가 충격을 준 것은 사실이다. 사람은 일단 기득권을 손에 넣으면 그것이 아무리 상식을 벗어나는 것이라 해도 절대 잃고 싶어하지 않는다.

구글이 급성장에서 완만한 성장으로 넘어가는 가운데 어떻게 절충해나가는지가 중요할 것이다.

"하루 12시간, 주 6일을 일하는 것은 당연했다."

… 구글의 분위기

한 직원은 구글을 "벨벳을 깐 형무소"라고 평했다. "하루 12시간, 주 6일을 일하는 것은 당연했다. 물론 개인에게 선택의 자유는 있지만, 일할 수밖에 없도록 만드는 압박이 있었다. 식사가 항상 준비되어 있으니 밥을 먹으러 직장을 벗어난다는 핑계도 댈 수 없었다. 구글의 라이프스타일은 24시간 연중무휴다."

걸출한 인재를 모아 목표를 향해 죽어라 노력한다. 이것은 애플과 마이크로소프트, 그리고 구글에 모두 해당되는 성공법칙이다. 애플에서 매킨토시를 개발한 팀은 '주 90시간을 즐겁게 일하자'는 문구가 찍힌 티셔츠를 입었고, 건물에는 해적 깃발을 올렸다. 마이크로소프트의 빌 게이츠는 "사무실에서 가장 정신이 고양될 때는 새벽 2시"라고 입버릇처럼 말했다. 그들이 얼마나 일에 중독되었는지 잘 알 수 있다. 요즘 유행하는 '워크 라이프 밸런스'(work &

life balance, 일과 사생활의 조화) 따위는 어디에서도 찾아볼 수 없다. 세상을 바꾸는 일을 하려면 그만큼의 열정이 필요한 것이다.

래리 페이지도 이렇게 회상했다. "우리는 정말 열심히 일했다. 영감(inspiration)을 얻으려면 많은 땀(perspiration)을 흘려야 한다. 우리에게는 귀중한 체험이었다. 휴일에도 일했고, 온종일, 몇 시간이든 일했다. 최종적으로는 결실을 맺었지만, 정말 힘들었다. 엄청나게 노력해야 했기 때문이다."

어떤 이는 이렇게 지적한다. "실리콘밸리의 벤처기업은 밤새 일할 수 있는 젊은 독신자들로 구성되어 있다."

젊을 때는 모든 것을 걸고 죽도록 일하는 시기가 있어도 괜찮다. 그때는 '이용당하고 있어', '살인적인 노동이야', '이건 노동법 위반이야' 식의 분노도 느껴질 것이다. 그러나 나중이 되면 죽어라 일한 세월이 신용이 되고, 다른 사람과 자신을 차별화하는 요소가 되며, 능력과 창조성의 원천이 되게 마련이다.

Golden Rules

3

한곳에 모아놓는다
너무 질서정연하면 재미있는 일이 일어나지 않는다

한곳에 모아놓는다

구글의 거의 모든 프로젝트는 팀 단위로 진행된다. 팀에는 커뮤니케이션이 필요하다. 커뮤니케이션을 원활히 하기 위한 최적의 방법은 직접 이야기할 수 있는 거리 안에 멤버를 모아두는 것이다.

실제로 구글의 직원들은 '큰 사무실'에서 함께 일한다. 그래서 상담하고 싶을 때 즉시 말을 걸 수 있으며, 서로 전화가 엇갈리는 일도 없고, 이메일 연락이 지연되는 일도 없다. 시끄럽게 토론할 수 있도록 회의실도 다수 준비되어 있다.

구글에서는 CEO조차 취임 후 몇 달 동안은 같은 사무실에서 일한다. 지적인 동료들 곁에 앉는 것은 믿을 수 없을 만큼 효과적인 교육의 경험이 된다.

구글의 업무진행 방식은 3~5명 정도의 작은 팀을 많이 만들어 각각 프로젝트를 진행하는 것이 특징이다. 세르게이 브린은 그 모습을 이렇게 표현했다. "우리는 구글을 대학처럼 운영하고 있다. 구글에는 수많은 프로젝트가 있다. 100개쯤 되려나? 3명 정도의 작은 그룹이 작은 프로젝트를 맡아 진행한다."

이것을 무질서하다고 비판하는 사람도 있지만, 절대 그렇지 않다. 팀 단위로 업무를 진행하는 방식의 핵심은 멤버 간의 커뮤니케이션을 원활히 하는 것이다. 이를 위한 가장 좋은 방법은 전원이 언제라도 직접 대화할 수 있는 환경을 만드는 것이다.

그래서 구글의 직원들에게는 개인 사무실이 주어지지 않는다. 팀은 항상 큰 사무실 하나에서 함께 일한다. 작은 분쟁의 씨앗부터 서로의 표정과 컨디션까지 전부 이해할 때 비로소 빠르고 효과적으로 업무를 진행할 수 있다. 사소한 잡담에서 의외의 창조물이 탄생하는 일도 많다.

커뮤니케이션이 악화되는 원인으로는 2가지를 생각할 수 있다. 첫째는 물리적 거리가 멀어지는 것이고, 둘째는 심리적인 벽이 만들어지는 것이다. 그런데 이 2가지는 종종 하나가 다른 하나의 원인이 된다. 이를 방지하기 위해 구글은 '큰 사무실'에 어떤 노하우를 발휘하고 있을까?

"중간관리자의 수를 적게 유지하려고 합니다. 방해가 되기 때문입니다."

… 에릭 슈미트

3~5명의 작은 팀 단위로 프로젝트에 몰두하는 구글에서는 상사와 부하직원이라는 서열개념이 거의 없다. 엔지니어 한 사람 한 사람이 주역이 되어 일을 진행한다. 에릭 슈미트는 이렇게 말한다. "구글은 중간관리자의 수를 되도록 적게 유지하려고 합니다. 방해가 되기 때문입니다."

실제로 경제지《포천(Fortune)》에 따르면, 일반기업의 경우 관리자의 수가 직원 7명당 1명꼴인 데 비해, 구글은 20명당 1명이거나 때로는 그보다 적다고 한다.

구글도 엔지니어의 수가 100명을 돌파했을 무렵에는 일시적으로 전통적인 관리기법을 동원한 적이 있다. 엔지니어들을 10개 팀으로 나누고 각 팀의 주임이 세르게이 브린과 래리 페이지에게 경과 등을 보고하도록 한 것이다. 주임이 프로젝트의 책임을 지고 멤버를 관리하면서 성장시키는 것으로, 많은 회사에서 채용하고 있는 방식이다.

그런데 구글에는 이 방식이 맞지 않았다. 재미있고 창조적으로 일하고 싶은 엔지니어들에게는 지나치게 관료적이었기 때문이다. 조직은 경직되고 기술혁신의 속도도 떨어졌다. 우수한 엔지니어 10명을 관리업무로 돌리는 것도 현명한 방법이라고 할 수 없었다. 그래서 이 관리기법을 폐지하고 소수 멤버로 구성된 팀이 다수의 프로젝트를 진행하는 가운데 유망한 프로젝트에 경영자원을 투입하는 현재의 방식으로 바꾸었다.

에릭 슈미트는 "어떻게 관리하는지가 아니라 어떤 인재를 선택하는지"가 이 방식의 성공 포인트라고 말했다. 지시받기를 좋아하는 사람이나 거대한 기획 하나만 가지고 있는 사람이 모인 팀에 이 방식을 도입하면 결국 실패한다. 필요한 것은 서로에게 흥미를 느끼면서 창조성을 이끌어내는 일이다.

구글은 팀의 인원수가 많으면 생산성이 저하된다고 생각하며, 중요한 프로젝트라 해도 5~6명이면 충분하다고 본다. 대규모 프로젝트를 위해 거대 팀을 만드는 기업도 있지만, 구글은 그렇게 하지 않는다. 세르게이 브린은 말한다. "우리는 구글을 대학처럼 운영하고 있다. 구글에는 수많은 조그만 프로젝트들이 있다."

"너무 질서가 잘 잡혀 있으면
혁신이 일어나기 힘들다."

··· 램 슈리램

중간관리자를 줄이고 조직을 수평구조로 만듦으로써 혁신을 일으키는 구글의 방식은 혼란스럽고 질서가 없다고 지적하는 사람도 있다. 그런 지적에 대해 세르게이 브린은 이렇게 대답한다. "혼란스럽다기보다는 그다지 질서정연하지 않다고 말하는 편이 올바르다."

그리고 그 원인은 구글의 젊음에 있다고 말한다. 2004년에 세르게이 브린과 래리 페이지는 〈창업자가 보내는 편지〉에서 이런 표현을 사용했다. "구글을 사람으로 비유하자면 작년에 초등학교에 들어가 오늘 겨우 1학년을 마친 아이입니다."

또 세르게이 브린은 2008년에 구글은 창업한 지 이제 겨우 10년밖에 되지 않았다는 내용의 말을 했고, 같은 시기에 에릭 슈미트도 그동안 가장 머리를 많이 아프게 한 것은 규모의 문제였다고 토로했다.

분명히 창업한 지 10년 만에 세계에 막대한 영향을 끼치는 기업이 되었으므로 조직이 성장을 따라잡기가 어려웠을 것이다. 직원이 갑자기 불어나면 B급이나 C급, D급 인재가 들어오고 기업문화나 이념이 사라진다. 전세계에 흩어져 있는 엔지니어들을 하나로 모아 '구글다움'을 유지하는 것도 과제다.

구글은 이러한 문제에 2가지 방식으로 대처했다.

첫째는 이사인 램 슈리램이 다음과 같이 말했듯이, 아예 신경쓰지 않는 것이다. "너무 질서가 잘 잡혀 있으면 혁신이 일어나기 힘들다." 규율은 때때로 창조성을 빼앗는다. 조직성보다는, 구글의 생명이라고도 할 수 있는 창조성을 유지하는 것이 더 중요하다.

그리고 둘째는 사람을 고립시키는 개별 사무실이 아니라 상호간의 교류를 촉진하는 큰 사무실을 운영하는 것이다. 이 방식을 추진한 주요 인물은 래리 페이지다. 직장환경이나 디자인에 흥미가 많은 래리 페이지는 다른 회사를 방문하면 사무실 안을 돌아다니면서 사진을 찍는다. 2004년에 문을 연 본사 '43번 건물'에는 인테리어가 사라지고, 중간층과 작은 방이 딸린 넓은 공간, 눈속임 그림이 있는 회의실 등이 설치되었다. 래리 페이지가 이상적으로 생각하는 '엔지니어들의 놀이터'가 탄생한 것이다.

"위대한 과학자들은 상식을 무시하고 본능을 따랐기 때문에 성공했다. 회사경영도 마찬가지다."

··· 래리 페이지

래리 페이지는 이과 계열의 학자 집안에서 자랐다. 앞에서도 언급했듯이, 아버지는 컴퓨터과학의 세계적인 권위자이며 미시건주립대학의 교수였다. 어머니도 데이터베이스 컨설턴트가 되기 전에는 대학에서 학생들을 가르쳤으며 컴퓨터과학 석사학위를 가지고 있다. 또 형인 칼 페이지(Carl Page Jr.)는 미시건대학에서 석사학위를 취득한 뒤 이그룹스(eGroups)라는 닷컴기업을 설립했으며, 2004년에 4억3,200만달러를 받고 회사를 야후에 매각했다.

래리 페이지는 컴퓨터를 접한 시기도 빨랐다. 초등학교 때는 형이 집에서 만든 OS(운영체계)를 사용해 워드프로세서로 숙제를 해서 제출할 만큼 조숙했다. 음악에도 풍부한 재능을 보였지만, 결국 엔지니어링(공학기술)에 강한 흥미를 느껴 아버지와 형이 다닌 미시건대학에 진학했다.

그런 래리 페이지에게 강한 영향을 준 것은 부모와, 몬테소리 교육을 한 초등학교의 '자신의 길은 스스로 선택한다'는 방침, 미시건대학에서 알게 된 '불가능이라는 말에 건전한 의문을 품자'는 구호였다. 이렇게 해서 래리 페이지는 기존의 상식을 의심하고 기존의 권위와 습관에 얽매이지 않는 생활태도를 몸에 익혀나갔다.

2000년 초입, 인터넷 가격비교 사이트인 에피니온즈(Epinions.com)를 이끄는 마이크 스페이서(Mike Speiser)는 창업가 교류회에서 래리 페이지를 처음 만났다. 그 자리에서 마이크 스페이서는 기존의 상식과 권위, 습관을 서슴없이 부정하는 래리 페이지의 태도에 큰 충격을 받았다. 지금은 그런 래리 페이지의 자유로운 마음가짐이 구글을 성공시켰다고 생각하지만, 당시에는 래리 페이지의 태도에 불쾌감을 느꼈으며 구글이 성공할 거라고 전혀 생각하지 못했다고 한다.

래리 페이지도 이렇게 단언했다. "부모님은 내게 과거의 위대한 과학자들은 상식을 무시하고 본능을 따랐기 때문에 성공했다고 가르쳐주셨다. 그리고 지금 그것이 회사경영에도 통하는 진리임을 알게 되었다."

정치에서 경영에 이르기까지, 어느 곳에서든 혁신과 보수의 대립은 항상 일어나게 마련이다. 구글의 체질은 틀림없이 혁신일 것이다.

"구글은 일개 엔지니어가
CEO의 방으로 이사할 수 있는 회사다."

··· 라지브 모트와니

구글에서는 CEO한테조차 넓은 개인 사무실이나 호화로운 실내가구가 주어지지 않는다. 래리 페이지와 세르게이 브린의 설득으로 구글의 CEO가 된 에릭 슈미트에게 제공된 것은 넓이 6.8㎡의 작고 썰렁한 사무실이었다. 그 안에는 책상이 2개 놓여 있었는데, 막상 에릭 슈미트가 회사에 출근해보니 이미 누군가가 그 책상 중 하나를 사용하고 있었다. 조용한 장소를 찾던 엔지니어가 그 방이 비어 있음을 알고는 허락도 받지 않고 거기서 일하고 있었던 것이다. 에릭 슈미트는 그를 쫓아내지 않고 비어 있는 다른 책상에 앉았다.

구글에 다니는 제자들에게 이 이야기를 들은 스탠퍼드대학의 라지브 모트와니(Rajeev Motwani) 교수는 이렇게 말했다고 한다. "일개 엔지니어가 CEO의 방으로 이사할 수 있는 회사가 상상이

가는가? 이것은 에릭 슈미트의 사람됨과 구글이라는 회사를 잘 보여주는 일화다. 그는 실적이 전부인 구글의 DNA를 잘 이해하고 있었다."

다만 최근의 구글은 반드시 이상을 따라 움직이지는 않는지도 모른다. 구글이 지향하는 것은 레버리지가 큰 사업이다. 직원 1명이 만들어낸 제품이 수천만명, 때로는 수억명이나 되는 사람들에게 영향을 준다. 그만큼 강력하고 매력적이며 인상 깊은 제품을 만들어내고자 구글은 질서 따위는 무시한 수평적인 회사를 만들어왔다.

그러나 기업규모가 급속히 확대됨에 따라 직원들 사이에서 '구글은 대기업이 되어버렸다', '사용자한테서 멀어져버렸다', '래리 페이지의 귀에 들어가기까지 적어도 4~5단계는 거쳐야 한다' 따위의 불만이 나오게 되었다.

2007년에 구글을 떠나 동영상발신 관련 기술을 취급하는 회사 우야라(Ooyala)를 창업한 비스마르크 레페(Bismarck Lepe)는 이렇게 말했다. "구글이 거대해짐에 따라 내가 하고 있는 일이 과연 어느 정도의 파급력이 있는 것일까 의문을 품게 되었다."

구글의 규모가 작던 시절에는 하나부터 열까지 전부 스스로 만들었지만, 규모가 커짐에 따라 제품관리자도 늘어나 서비스의 작은 기능 중 하나, 그중에서도 일부를 개발하는 식이 된 것이다.

비슷한 이유로 구글을 떠나 창업하는 직원이 적지 않다. 그들의 공통점은 구글에서 많은 것을 배운 데 감사하고 구글이라는 회사가 대단하다고 인정하면서도, 초기의 구글처럼 '다시 한 번 처음부터 뭔가를 만들어내고 싶다'는 마음이 강하다는 것이다.

구글이 혁신을 지속하려면 이처럼 세상을 바꾸고 싶다고 생각하는 인재를 계속 채용해야 한다. 그러나 기업이 거대해지면 그들의 창조성을 활용하기가 한층 어려워진다. 래리 페이지는 "우리가 원한 것은 엔지니어링 회사지 비즈니스나 세일즈 회사가 아니"라고 말했고, 그 말을 실현했다. 그러나 이제는 그 말을 영원히 지켜나가야 하는 과제에 직면했다.

"20퍼센트의 시간은 아이디어를 얻을 수 있는 절호의 기회다."

··· 크리슈나 바라트

구글은 이후에 언급하는 '황금률 6'에서 말하듯이, 근무시간 중 20퍼센트를 자신이 원하는 연구나 활동, 프로젝트에 사용할 수 있도록 하는 '20퍼센트 규정'을 만들었다.

이런 제도를 만든 이유 중 하나는, 그렇게 함으로써 권위주의에 빠지지 않겠다는 생각에서다. 거꾸로 말하면, 이 제도가 생김으로써 관리자는 부하직원이 무엇을 원하며 어떤 연구를 하고 있는지 부하직원과 확실하게 커뮤니케이션을 해야 하게 되었다. 일반적으로는 관리자가 무엇을 원하며 어떤 지시를 내리는지 부하직원이 읽어야 한다. 즉 20퍼센트 규정이 질서를 역전시킨 것이다.

부하직원 한 사람 한 사람이 자신의 아이디어를 바탕으로 스스로 생각하고 자신의 책임 아래 행동한다. 관리자는 그것을 이해하고 장려한다. 여기서 커뮤니케이션이 발생하며, 서로 이해와 신뢰가 싹튼다.

그리고 또 다른 이유는, 부하직원에게 자유를 줌으로써 관리자들만으로는 탄생하지 않는 아이디어를 얻기 위해서다. 20퍼센트 규정을 활용해 '구글뉴스'(Google News)의 아이디어를 키워 상품화로 연결시킨 크리슈나 바라트(Krishna Bharat)는 이렇게 말했다. "이 시스템은 회사의 상층부가 하층부의 아이디어를 얻을 수 있는 절호의 기회이기도 합니다. 경영진이 지시하거나 명령하는 것에는 한계가 있기 때문입니다."

좋은 아이디어는 단 한 사람의 머리에서 태어나 윗사람이 아랫사람에게 명령하는 식으로 실행되는 것이 아니다. 직원 한 사람 한 사람의 아이디어를 모아 승화시킬 때 비로소 혁신이라는 말에 걸맞은 아이디어가 탄생한다. 적어도 구글은 그렇게 믿고 실천해서 성장했다.

관리자가 할 일은, 어떻게 하면 부하직원이 좀더 활기차게 일할 수 있을지 궁리해서 그들의 능력을 최대한 이끌어내는 것이다.

Golden Rules

4

조정하기 쉬운 환경을 만든다
좋은 네트워크를 만드는 노하우

조정하기 쉬운 환경을 만든다

구글에서는 모든 팀 멤버가 직접 대화할 수 있는 거리에 있기 때문에 프로젝트를 조정하기가 쉽다. 그러한 물리적인 거리와 함께 구글에서는 이메일로도 직원들의 사이를 가깝게 하고 있다. 직원들은 일주일에 1번씩 지난주에 한 일을 간단히 적어서 자신의 팀 멤버들에게 이메일로 보내도록 되어 있다. 누가 어떤 일에 몰두하고 있는지 손쉽게 파악할 수 있어서 업무 진척상황을 관리할 수 있으며, 업무의 흐름을 일치시키기도 쉽다.

일본의 기업 도요타자동차(Toyota Motor Corporation)

에는 생산현장에서 탄생한 '가시화(可視化)'라는 시스템이 있다. '문제의 가시화', '원가의 가시화' 따위로 활용되는데, 기본개념은 모두 같다. 대상이 확실히 눈앞에 보이면 실현이나 해결을 위한 지혜가 나온다는 뜻이다.

또 혼다(Honda Motor Company)의 창업자인 혼다 소이치로는 "일을 할 때 돈보다 소중한 것은 신용"이라고 말했다. 혼다가 작은 기업이어서 자금조달에 어려움을 겪고 있을 때 한 금융기관의 직원이 한 이야기는 유명하다. "혼다에는 돈을 빌려줄 수 없지만, 혼다 소이치로 씨에게는 빌려줄 수 있습니다."

시대의 변화에 올바르게 대응할 뿐만 아니라 변화를 선도하기 위해서는 팀을 한곳으로 모아놓는 것만으로는 부족하다. 문제나 프로젝트의 진척상황 등을 시각화할 필요가 있다. 신용도 사실 시각화에서 시작된다고 할 수 있다. 보이지 않는 것, 말로 표현되지 않는 것, 느껴지지 않는 것은 신뢰를 받지 못하기 때문이다.

이렇게 생각하면 운조차도 시각화에 따른 연대, 협조, 조화, 조정의 네트워크가 가져다주는 것이라고 할 수 있다. 구글에는 연대, 조정을 돕는 어떤 환경이 갖춰져 있을까?

"계획 따위는 아무래도 상관없습니다.
그보다는 행운의 여신을
자기 편으로 만드십시오."

··· 에릭 슈미트

　초창기 구글에는 확고한 사업계획이 존재하지 않았으며, 창업
자들은 수익을 올리는 방법조차 찾지 못하고 있었다. 래리 페이
지와 세르게이 브린은 우수한 검색엔진을 만드는 일에만 몰두했
기 때문이다. 구글 이용자는 늘어났지만 회사로서 이익을 올릴
전망은 전혀 보이지 않았다. 참으로 놀라운 회사다.
　당시 두 사람을 지탱한 것은 '언젠가 이익을 올릴 방법을 찾을
수 있겠지' 하는 믿음뿐이었다. 야후에서 합병 제안이 들어오기도
했지만, 예금이 점점 바닥을 보여 불안감이 엄습하기도 했다. 인
터넷광고 발신회사인 더블클릭(DoubleClick)과 협상해 활로를 모
색하려 했지만, 2000년 말에 더블클릭의 주가가 대폭락하는 바람
에 구명정이 사라져버리기도 했다. 그러나 그들의 신념은 흔들리
지 않았다. 이 또한 놀라운 일이다.

물론 수익을 낳기 위한 시행착오는 계속 하고 있었다. 그 결과 고투닷컴(GoTo.com)이 시작한, 검색키워드와 연동해 광고가 표시되는 방식에 자신들의 독자적인 방식을 조합할 수 있었다. 이렇게 해서 '애드워즈'와 '애드센스'(AdSense)가 탄생했다.

앞에서도 잠깐 언급한 바 있는 애드워즈는 홈페이지에 광고를 게재하는 서비스로, 이용자가 그 광고를 클릭하면 구글에 돈이 들어오는 시스템이다. 애드센스는 구글 검색에 관련성이 높은 키워드가 입력되었을 때 검색결과에 광고를 표시해주는 서비스다. 광고주는 '1클릭당 몇 달러' 식으로 예산을 세울 수 있다.

이 2가지 뛰어난 광고판매 방식은 구글을 성장궤도로 올려놓았다. 그 경위에 관해 에릭 슈미트는 이렇게 말한다. "치밀한 계획의 결과가 아니라 우연의 산물이었다."

또한 에릭 슈미트는 펜실베이니아대학의 졸업식 강연에서도 학생들에게 이렇게 말했다. "계획 따위는 아무래도 상관없습니다. 그보다는 행운의 여신을 자기 편으로 만드십시오. 성공은 절호의 기회가 찾아왔을 때 그것을 살릴 마음의 준비가 되어 있는지에 달려 있습니다."

"신뢰는 네트워크 세계에서 가장 중요한 밑천입니다."

··· 에릭 슈미트

애드워즈와 애드센스의 아이디어를 처음 떠올린 곳은 고투닷 컴이었다. 그러나 래리 페이지와 세르게이 브린에게는 그것을 본 순간 이것이 매력적인 비즈니스이며 자신들이라면 좀더 잘 만들 수 있음을 간파하는 혜안이 있었다. 그것이 행운을 불러들였다.

행운은 계획적으로 손에 넣을 수 있는 것이 아니다. 평소에 정보교환 네트워크를 만들고 철저히 준비하고 있다가 행운이 찾아왔을 때 재빨리 낚아채는 방법밖에 없다.

그러나 행운과 마찬가지로 중요하면서 계획적으로 얻을 수 있는 것도 있다. 바로 신뢰다. 신뢰가 없으면 비즈니스는 한 발도 앞으로 나아가지 못한다. 금융기관은 돈을 빌려주지 않으며, 거래처에 뭔가를 의뢰할 수도 없다.

이것은 인터넷 세계도 마찬가지다. 구글이 성장할 수 있었던 데는 사용자들의 강한 신뢰가 있었기 때문이다. "전세계의 정보를 전세계 사람들이 무료로 자유롭게 이용할 수 있게 한다"는 비전을 내걸고 실천해나가자 사람들은 서서히 구글은 마이크로소프트와 달리 믿을 수 있는 기업이라고 느끼게 되었다. 이렇게 해서 구글은 세계에서 가장 존경받는 기업 브랜드 중 하나가 되었다.

펜실베이니아대학의 졸업식 강연에서 에릭 슈미트는 이렇게 말했다. "리더십이나 인격은 상당히 중요합니다. 지식과 학식, 분석력도 중요합니다. 그리고 신뢰도 중요합니다. 신뢰는 네트워크 세계에서 가장 중요한 밑천입니다."

창업 초기부터 구글에서 일하고 있는 크레이그 실버스타인의 말에 따르면, 래리 페이지와 세르게이 브린은 기업도 높은 윤리관을 가질 수 있다고 생각한다. 기업윤리라는 말이 유명무실해지고 있는 오늘날에는 보기 드문 멋진 생각 아닌가? 윤리적으로 올바른 행위가 기업에 대한 신뢰를 낳고 그것이 성공을 부른다. 이것이 구글의 철학이다.

"아이디어가 있는 사람에게
필요한 것은 피드백이다."

… 앨런 유스터스

구글이 사내에 무료 직원식당을 설치한 이유 중 하나는 직원들의 교류를 촉진하는 기능이 매우 크기 때문이었다. 모두 함께 식사하는 것을 무의미하다고 싫어하는 사람도 있지만, 커뮤니케이션을 촉진하고 인간관계나 업무를 미세하게 조정하는 역할을 한다는 점에서 무시할 수 없는 효과가 있다.

크리슈나 바라트는 함께 식사하면서 이야기한 것이 '구글뉴스'라는 아이디어 양성에 큰 도움이 되었다며 이렇게 말했다. "자신이 무엇을 하며 놀고 있는지 점심 먹으면서 모두 함께 이야기를 나눕니다. 마치 자신이 작은 회사의 CEO라도 된 것처럼 말이지요."

이야기를 나누려면 장소가 필요하다. 한 사람 한 사람이 개인 사무실에 틀어박혀 이메일로만 연락한다면 사무적인 커뮤니케이

선은 가능할지 모르지만, 그 이상의 조정이라든가 조화, 협조 같은 관계는 쌓기 어렵다. 과거에 혼다는 모두가 자유롭게 의견을 말할 수 있는 대형 사무실을 운영하는 방식으로 우수한 제품을 탄생시켰다. 도요타자동차도 신입직원부터 임원까지 모두 함께 직원식당에서 식사함으로써 수직, 수평, 대각선의 인간관계를 활성화시켰다.

구글의 아이디어는 대부분 팀에서 탄생하며, 많은 사람의 힘을 빌려 자란다. 그것을 원활하게 진행시키기 위해서는 팀이 몰두하고 있는 프로젝트를 망라하는 데이터베이스가 꼭 필요하다. 그리고 모두가 그 데이터베이스에 자유롭게 접속할 수 있고, 또 평가나 제안을 전할 수 있어야 한다.

앨런 유스터스는 말했다. "아이디어가 있는 사람에게 필요한 것은 피드백이다." 아이디어는 연대를 통해 성장한다. 구글에서는 인터넷상의 데이터베이스가 그 역할을 한다. 어떤 도구를 사용하든 중요한 것은, 사람과 사람을 연결하는 구체적인 회로를 만드는 일이다.

"호의적인 반응이 많았기 때문에, 이 프로젝트의 인기가 높다는 사실은 알고 있었습니다."

… 크리슈나 바라트

구글에서는 언제나 수많은 프로젝트가 진행되고 있으며, 베타 버전(완성 직전 버전)이 여기저기에 굴러다닌다. 거기다 아직 베타 버전까지는 이르지 못한 후보군들까지 포함하면 그 수를 셀 수 없을 정도다. 중요한 것은, 직원들이 이러한 프로젝트의 정보를 공유한다는 점이다. 직원들은 새로운 아이디어를 제안하기도 하고 신랄하게 비판도 한다. 이렇게 해서 지지를 모은 프로젝트는 더욱 개량되어 다음 단계로 넘어가고, 지지를 받지 못한 것은 사라진다.

2001년의 어느 날, 크리슈나 바라트의 사무실에 갑자기 에릭 슈미트가 들어오더니 말했다. "멋진 작품이야!"

에릭 슈미트가 찬사를 보낸 것은 크리슈나 바라트가 손대고 있는 '구글뉴스'였다. 인도 출신인 크리슈나 바라트는 뉴스에 큰 관심이 있어서 인도의 신문과 텔레비전뿐만 아니라 미국 잡지인 《타임(TIME)》과 영국의 BBC 라디오를 보고 들으며 자랐고, 조지 아공과대학에 진학해서는 신문을 연구했다. 그리고 구글에 입사한 뒤에는 "전세계의 수많은 뉴스에 접속할 수 있다면 얼마나 편리할까?"라는 생각에서 '20퍼센트 규정'을 이용한 부업으로 구글뉴스를 개발하기 시작했고, 동료직원 2명의 도움을 얻어 데모 버전의 가동을 시작했다.

데모 버전은 많은 엔지니어들의 지지를 받았다. 그중 1명이 에릭 슈미트였다. 크리슈나 바라트는 에릭 슈미트에게 칭찬받은 일을 회상하며 이렇게 말했다. "이 프로젝트의 인기가 높다는 사실은 알고 있었습니다. 엔지니어들의 호의적인 반응이 많았기 때문입니다."

당시 크리슈나 바라트는 에릭 슈미트에 대해 잘 몰랐지만, 에릭 슈미트가 진심으로 흥미를 느끼고 구글뉴스를 실현시키고자 생각하고 있음은 잘 알 수 있었다고 한다. 얼마 후 프로젝트는 래리 페이지와 세르게이 브린의 승인을 얻어 정식 프로젝트가 되었으며 자금과 인력을 지원받았다. 구글뉴스는 구글의 놀라운 사내 네트워크가 탄생시킨 결과물이다.

"터무니없이 야심적인 꿈이
더 실현시키기 쉽다."

… 래리 페이지

"전세계의 정보를 정리해 누구나 무료로 접속할 수 있게 하고, 도움이 되게 한다." 래리 페이지가 꾼 꿈은 곰곰이 생각해보면 너무나 터무니없다. 보통은 비웃음만 당하고 끝날 것이다. 그러나 래리 페이지는 이런 터무니없는 꿈이 훨씬 더 실현하기 쉽다고 말한다. 2009년 모교인 미시건대학의 졸업식 강연에서 그는 이렇게 말했다. "저는 자주 생각합니다. 터무니없이 야심적인 꿈이 더 실현시키기 쉽다고 말입니다."

왜냐하면 터무니없는 꿈을 꾸는 사람 중에 실제로 도전하는 사람은 거의 없기 때문이다. 즉 경쟁상대가 매우 적다. 그래서 진전시키기가 쉬우며 실현가능하다는 말이다.

이러한 사고방식을 세쿼이아 캐피털의 마이클 모리츠는 이렇게 표현했다. "구글의 두 사람에게는 매우 높은 목적의식이 있었다.

그것은 회사를 세우고 싶다고 생각하는 조금 정신이 나간 사람이라면 모두 가져야 하는 것이다." 여기에 협조해주는 이들만 있다면 큰일을 이룰 수 있을 것이다.

물론 큰 꿈에는 어려움이 따른다. 래리 페이지에 따르면 "폭풍우에 직면한 지렁이 같은 기분"이 될 때도 있지만, 그것은 올바른 길을 걷고 있음을 의미한다. 조금 무모해지는 것이 야심이 큰 꿈을 진전시키는 비결이기도 하다고 그는 말했다.

"자신이 세상을 바꿀 수 있다고 진심으로 믿는 사람들이 정말로 세상을 바꾼다." 이것은 스티브 잡스가 기획한 '다르게 생각하기'(Think different) 캠페인의 문구다. 이 캠페인에 등장한 인물은 존 레넌(John Lennon), 파블로 피카소(Pablo Picasso), 마하트마 간디(Mohandas Karamchand Gandhi), 토머스 에디슨, 마틴 루터 킹(Martin Luther King Jr.), 밥 딜런(Bob Dylan) 등 모두 40명이다. 모두 각자의 분야에서 인습을 타파하고 혁명을 이루어낸 사람들이다. 이런 사람들에게 찬사를 보냄으로써 스티브 잡스는 애플이 '세상을 바꾸는 기업'이라는 원점으로 돌아갈 것임을 소리 높여 선언했다.

사람들은 대부분 세상을 바꾸는 것은 불가능한 일이라고 생각한다. 그러나 신념과 열정을 품고 주변과 협조하면 주위 사람들이 구심력을 가지고 움직이기 시작해 정말로 세상을 바꿀 수 있을 때가 있다.

Golden Rules

5

출시 전 자사 제품을 쓰게 한다
평소와 다른 길을 걸으며 해답을 찾는다

출시 전 자사 제품을 쓰게 한다

구글에서는 직원들이 모두 철저히 구글의 툴을 사용한다. 모든 프로젝트와 업무가 올라와 있고 색인도 달려 있는 사내 웹페이지가 있어서 필요할 때는 언제라도 이용할 수 있도록 되어 있다.

그밖의 툴도 광범위하게 이용되고 있으며, 그중 몇 가지는 제품화되어 세상에 나왔다. 예를 들어 G메일(Gmail)이 성공한 것은 이렇게 사내에서 직원들이 몇 달에 걸쳐 테스트했기 때문이라고 할 수 있다. 구글의 지식노동자들은 가장 중요도가 높은 사용자이기도 하다. G메일은 그들을 만족시킬 수 있도록 조정되었다.

구글이 성공한 이유 중 하나로 단순함을 드는 사람이 있다. 예를 들어 구글의 홈페이지는 검색창과 약간의 단어만 있을 뿐이다. 키워드를 입력하면 순식간에 필요한 사이트로 안내해줄 것이라는 예감이 번득이게 만든다. 다른 사이트들이 대량의 광고와 그림으로 넘쳐나며 그곳에서 운영하는 쇼핑몰이나 게임 등으로 강하게 유혹하는 것과는 대조적이다.

이 단순함의 기초는 "돈을 받은 정보를 검색결과의 상위에 올리는 것은 사악한 짓"이라며 계속 그런 정보를 거부하는 래리 페이지와 세르게이 브린의 생각일 것이다.

그러나 그것만은 아니다. 제품이라는 것은 아무리 기초가 튼실해도, 시험을 거듭해도, 실제로 써보지 않으면 알 수 없는 측면이 있기 때문이다.

제작자와 사용자의 감각에는 큰 차이가 있다. 구글은 시제품 단계부터 직원들이 사용해봄으로써 그 감각의 차이를 메운다. 만든 본인이 사용하고, 아마도 세계에서 가장 까다로운 사용자인 구글의 직원들이 사용하면서 결과를 피드백해 더 나은 제품으로 완성시켜나간다.

이러한 구글의 피드백 시스템에 어떤 것이 있는지 살펴보자.

"사업의 성패는 단순한 것을 만들어낼 수 있는지 없는지에 달려 있다."

… 세르게이 브린

제품이라는 것은 업그레이드될 때마다 기능이 추가되는 경향이 있다. 엔지니어가 새로운 기술이나 기능을 최대한 많이 넣고 싶어하기 때문이다. 그러나 편리하게 보이는 기능도 현실에서는 대부분의 사용자에게 무용지물이 되는 일이 많다.

그런 측면에서 볼 때, 구글의 홈페이지는 놀랄 만큼 필요한 것들만 존재하고 있어서 빠르고 손쉽게 이용할 수 있다. 사용자가 추구하는 단순함이 바로 그곳에 있다. "디자이너가 손댄 것 같지 않은, 읽기 편한 디자인으로." "색채는 아이들 낙서처럼." 래리 페이지와 세르게이 브린의 이러한 주문 결과 탄생한 것이 이 홈페이지다. 두 사람은 이 단순함을 유지하기 위해 마리사 마이어에게 "다른 단어를 줄이지 않는 한 추가는 절대 불가"라고 말했을 정도다.

세르게이 브린은 단언한다. "사업의 성패는 단순한 것을 만들어낼 수 있는지 없는지에 달려 있다." 시스템과 기술이 복잡해지는 시대에 복잡한 것을 복잡한 채로 전달해서는 지지를 받을 수 없다. 복잡한 것을 단순하고 사용하기 편하게 제공할 수 있는지가 제품의 성패를 좌우한다.

애플의 스티브 잡스가 뛰어난 것도 이 점이다. 복잡해지기 쉬운 제품을 단순하고 아름다운 제품으로 완성시켰으며, 아무리 손재주가 없는 사람도 매뉴얼 없이 사용할 수 있다고 할 만큼 간단한 제품을 만들어냈다.

스티브 잡스는 자신이 세운 회사 애플에서 쫓겨난 적이 있다. 그리고 10년이 지나 애플로 복귀했을 때, 애플은 위기에 빠진 상태였다. 차이점이 거의 없는 유사제품이 수십 가지나 있었다. 차이점은 고사하고 이 제품의 세일즈포인트가 무엇이냐고 물어도 제대로 대답하는 담당자가 없었다. 스티브 잡스는 제품을 단 4가지로 압축함으로써 회사를 재건하는 데 성공했다.

한 전기제품 제조회사의 직원을 대상으로 설문조사를 실시한 결과, 자기 회사 제품을 사용하지 않는 직원, 애사심이 없는 직원이 매우 많았다고 한다. 안 그래도 만드는 사람과 사용하는 사람의 감각이 다른 마당에, 이래서는 제품이 빛을 잃고 만다.

"유료화해서 돈을 버는 것보다
많은 사람이 이용할 수 있도록 하는 편이
진화를 더 가속시킬 수 있다."

··· 앤디 루빈

　구글의 스마트폰용 OS인 '안드로이드'(Android)를 탑재한 휴대전화가 전세계에서 팔리고 있다. 애플의 아이폰도 기록적인 판매량을 기록하고 있지만, 안드로이드는 아이폰의 판매량을 능가하고 있다.

　안드로이드는 원래 2005년에 구글이 합병한 소프트웨어회사의 이름이었다. 그 회사를 이용해 구글은 단순한 툴이 아니라, 마이크로소프트의 윈도 같은 OS를 개발해 스마트폰에 제공하기로 결정했다. 안드로이드의 창업자이자 구글의 부사장인 앤디 루빈(Andy Rubin)에 따르면, 그때까지 사용되던 스마트폰용 OS는 대부분 인터넷시대 이전의 것이라서, 인터넷시대에 어울리는 OS를 제공하고 싶었다고 한다.

　안드로이드는 마이크로소프트의 윈도처럼 만든 회사 혼자 끌어안고 있는 것이 아니라, 무료 OS인 리눅스처럼 외부에 널리, 그것도 무상으로 개방하고 있다. 무상으로 개방한 이유를 앤디 루빈은 이렇게 말한다. "OS는 혁신의 기초가 되는 부분이다. 유료화해서 돈을 버는 것보다 많은 사람이 이용할 수 있도록 하는 편이 진화를 더 가속시킬 수 있다." 그리고 마이크로소프트와는 완전히 다른 참여형 기술개발로 단숨에 보급과 개발을 진행하는 전략을 취했다.

2007년, 구글은 인텔과 삼성 등 32개 사와 공동으로 '오픈 핸드셋 얼라이언스'(Open Handset Alliance)를 설립하고 안드로이드 개발과 개량을 진행하기 시작했다. 구글이 사내에서 자사 제품을 사용했듯이, 32개 사는 모두 자유롭게 다운로드할 수 있으며, 구글의 연구성과를 무상으로 이용할 수 있었다.

기술의 진보가 빠른 휴대전화 시장에서는 개발비가 계속 폭등하고 있다. 어지간한 체력이 없으면 경쟁에서 이길 수 없다. 따라서 이런 구글의 방침에 많은 업체가 달려든 것은 당연한 일이었다.

구글은 프리랜서 엔지니어들도 안드로이드용 소프트웨어를 개발하고 그것을 전세계에 판매해 이익을 얻을 수 있게 하는 시스템도 구축하고 있다.

"호기심과 열정은 사람한테서 사람으로 확산된다."

··· 에릭 슈미트

자사 제품을 사용한다고 해도 그저 의무적으로 쓴다면 아무런 의미도 없다. 호기심과 열정을 품고 사용해야 한다.

에릭 슈미트는 펜실베이니아대학의 졸업식 강연에서 인간적인 감성이 중요하다고 강조했다. 먼저 컴퓨터의 전원을 내리고 휴대 전화를 끄라고 말했다. "호기심과 열정이 사람한테서 사람으로 확산된다는 사실을 깨달을 것입니다. 그런 것들은 전염성이 있습니다. 할 수 있을 만큼 해보십시오. 그런 것들을 가져야 합니다."

다른 예를 들 필요도 없이, 구글의 성립이 바로 그러했다. '차세대 검색엔진을 만들자'는 래리 페이지와 세르게이 브린의 열의가 주변을 움직여 완성으로 이끌었다. 물론 순탄치만은 않았다. 사람들은 래리 페이지의 생각을 대담하다기보다는 바보 같다고 여겼으며, 그런 일이 가능할 리 없다고 생각했다.

그러나 래리 페이지는 진지했으며 사명감으로 가득했다. 그 열정이 세르게이 브린을 움직였고, 세르게이 브린의 지도교수인 라지브 모트와니 교수에게 전파되었다. 래리 페이지가 낸 아이디어에 세르게이 브린이 아이디어를 추가하고, 라지브 모트와니 교수를 포함한 전원이 그 아이디어를 다듬어나가는 동안에 본격적인 검색엔진을 만들 수 있음을 알게 되었다고 한다. 그것이 스탠퍼드대학에서 호평을 받아 이윽고 회사 설립으로 이어진 것이다.

"열의는 사람한테서 사람으로 전해지게 마련이다. 만드는 것이 즐거운 제품은 사용하는 것도 즐거울 가능성이 매우 크다." 이것은 애플의 매킨토시 개발팀의 주요 멤버인 앤디 허츠펠드(Andy Hertzfeld)가 한 말이다. 매킨토시는 스티브 잡스가 컴퓨터업계에 혁명을 일으키고 세상을 바꾸기 위해 심혈을 기울인 제품이다. 개발을 위해 모인 멤버들은 모두 괴짜지만 초일류의 젊은 엔지니어들이었다. 그곳에는 긴박감과 공명심, 탁월함을 향한 열정, 예술가로서의 자부심, 그리고 해학이 있었다. 그런 정신이 매킨토시를 통해 사용자들에게도 전해져 역사에 남을 명작이 탄생했다는 것이 앤디 허츠펠드의 분석이다.

먼저 호기심과 열정을 가지자. 그것이 주변을 움직이고 세상을 바꾸는 결과로 이어질 것이다.

"구글의 아이디어는 천재의 머리에서 탄생하며, 사용자들에게 원형 그대로 전해지지는 않는다."

… 케빈 스콧

구글에서 탄생한 아이디어는 일반사용자에게 제공되기 전에 수많은 구글 내 사용자들이 평가하고 개선하면서 더 바람직한 모습을 갖춰간다. 소프트웨어엔지니어링의 시니어매니저인 케빈 스콧(Kevin Scott)은 그 과정을 이렇게 표현했다. "구글의 아이디어는 천재의 머리에서 탄생하며, 그것을 받아들여줄 수많은 사용자들에게 원형 그대로 전해지지는 않는다."

처음에 누군가의 머릿속에서 멋진 아이디어가 탄생한다. 그 아이디어는 팀 활동을 통해 해체당하고 재정의된다. 그 아이디어를 본 많은 직원들한테서 수많은 제안과 의문이 쏟아지며, 다시 해체되고 재정의된다. 그러다 시제품이 만들어지고 또 해체되고 수정된다. 사내 사용자용으로 배포된 단계에서 또다시 해체되고 재구축되고 재배포된다. 이러한 과정을 반복한 끝에 베타 버전으로서 세상에 나오는데, 이때도 사용자의 피드백을 바탕으로 개량한 끝에 정식 제품으로 출고된다.

제품은 수많은 사람에게 비판을 받음으로써 정말로 사용하기 편하고 도움이 되는 방향으로 성장해나간다. 제품제작의 세계에는 "고객에게 혼이 나야 좋은 제품이 나온다"는 말이 있다. 아무리 좋은 상품을 만들었다고 생각해도 시장에 나와보지 않으면 알 수 없다. 고객이 사용해보고 '이랬으면 좋겠다', '이 점이 불편하다'는 의견을 내놓으면 그것을 반영하는 가운데 점점 훌륭한 상품으로 성장해간다. 때로는 업체가 예상하지 못한 이용방법을 사용자가 찾아냄으로써 새로운 시장이 만들어질 때도 있다.

인터넷시대에는 처음부터 완벽한 상품을 만들기보다는 사용자의 의견을 들으면서 수정하고 개선하는 방법이 일반적이다. 완성도가 떨어져서는 곤란하지만, 수정이 가능하다면 상품을 일찍 세상에 선보여 많은 사용자의 의견을 수집하고 빠르게 개선해나가는 편이 좋다. 이것 역시 구글의 한 단면이다.

"대대적인 광고를 하자는 유혹과 계속 싸워왔다."

… 세르게이 브린

구글과 다른 웹사이트의 결정적인 차이는 광고에 대한 생각이다. 다른 웹사이트들이 사용하는 방법 중 첫째는 돈을 받은 회사나 사람의 정보를 검색결과의 상위에 올리는 것이다. 래리 페이지와 세르게이 브린은 이것을 계속 거부해왔고, 그 결과가 바로 애드워즈다. 그리고 둘째는 광고에 거액의 돈을 쏟아부어 사용자를 획득하는 것이다. 두 사람은 이에 대해서도 줄곧 "노!"를 외쳤다.

그렇다면 어떤 방법으로 사용자를 획득할 생각이었을까? 구글에 최초로 투자한 앤디 벡톨샤임은 두 사람이 '입소문'의 힘을 진심으로 믿었다고 말한다. 다른 웹사이트는 벤처캐피털에서 필사적으로 자금을 조달해 그 자금을 대부분 광고에 쏟아부었다.

그러나 래리 페이지와 세르게이 브린은 '편리한 것을 만들고, 모두가 이용하지 않고는 못 배기는 우수한 서비스를 제공'하는

110

방법으로 사용자를 획득할 수 있다고 생각했다. 중요한 것은 많은 사람들이 구글을 이용해보고 만족해서 스스로 입소문을 퍼뜨리도록 하는 일이었다. 2000년에 세르게이 브린은 이렇게 말했다. "우리는 대대적인 광고 캠페인을 전개하자는 유혹과 계속 싸워왔다."

실제로 래리 페이지와 세르게이 브린은 창업 이후에도 학창시절에 한 것과 똑같은 입소문 캠페인을 꾸준히 펼쳤다. 검색결과를 친구에게 이메일로 전송하도록 부탁하거나, 대학에서 미식축구 경기가 열리는 날 구글의 로고가 새겨진 응원도구를 나눠주며 작은 판촉활동을 벌이는 식이다. 온라인숍에서 구글의 로고가 들어간 모자와 티셔츠도 팔았다.

광고보다 입소문을 믿은 이유는 자신들의 검색서비스에 자신이 있었기 때문일 것이다. 한 번이라도 이용해보면 대부분 구글을 좋아하게 될 것이고, 자신이 발견한 새로운 툴을 주위 사람들에게 신이 나서 퍼뜨릴 것이라고 생각했다.

그리고 그것은 잘못된 생각이 아니었다. 광고는 허풍이지만 입소문은 실제 체험이다. 제품이 우수한지 최종적으로 결정하는 주체는 그 제품을 실제로 사용하는 사용자다. 광고보다 실제 체험이 더 설득력 있음은 명백하다. 1,000명에게 호소해 1명을 획득하는 광고보다, 1명에게 호소해 확실히 1명을 획득하는 입소문을 거듭하자. 이것이 구글의 성장방식이었다.

"소비자의 불안감을 상상하는 능력이 부족했다."

… 세르게이 브린

초기에 사생활침해 문제로 논란을 일으킨 G메일도 사실은 몇 개월에 걸쳐 사내에서 베타 버전을 사용해본 뒤에 상품화하는 구글 특유의 상품화 과정을 거친 서비스다.

2004년, 검색 분야에서 압도적 우위에 선 구글은 온라인에서 가장 빈번하게 사용되는 서비스인 이메일에 주목했다. 공식적으로 알려진 계기는 한 구글 사용자의 불만이었다. 그 사용자는 이메일을 정리하거나 검색하는 데 많은 시간을 빼앗기고, 저장용량이 부족해 어쩔 수 없이 과거 이메일을 삭제해야 하는 상황에 불만을 느끼고는 어떻게 좀 해결할 수 없는지 물었다. 이에 세르게이 브린은 "저희도 그 점을 불편하게 느끼고 있습니다"라고 대답했고, 예상보다 적은 난관을 거쳐서 G메일이 탄생했다.

언제나처럼 G메일을 최초로 사용한 사람은 구글의 신뢰할 만한 직원들이었다. 구글 내에서는 순식간에 대호평이 쏟아졌다. 입소문의 힘을 믿은 구글은 이어서 오피니언리더 1,000명에게 G메일을 사용해보게 했다. 여기서도 만족스러운 반응이 나오자 세르게이 브린과 래리 페이지는 자신 있게 G메일을 세상에 내놓았다.

구글의 기술부문을 총괄하는 부사장 웨인 로징(Wayne Rosing)도 수백만에서 수천만에 이르는 사용자를 단시간에 획득할 수 있을 것이라고 확신한다고 말할 만큼 자신감으로 가득했다. 철저한 시험사용과 개선작업을 반복한 것이 그런 자신감의 근원이었다.

그러나 G메일은 상품화되자마자 사생활을 침해한다는 커다란 논쟁에 휘말렸다. 결국 수많은 논쟁을 거치며 편리한 사용성과 무료이면서 용량이 방대하다는 장점이 지지를 받아 정착에 성공했지만, 이 일은 세르게이 브린에게 색다른 학습의 기회를 제공했다. "우리에게 소비자의 불안감을 상상하는 능력이 부족한 탓에 발생한 실패다."

구글의 상품은 직원을 비롯해 수많은 사람의 시험사용을 거쳐 상품화된다. 그러나 그런 과정을 거친다 해도 시장에 내놓기 전까지 알 수 없는 부분은 여전히 남아 있다. 실제로 상품을 사용할 때는 만들 때와는 다른 관점에서 생각해야 한다. 이것은 어떤 비즈니스에서든 꼭 필요한 작업이다.

Golden Rules

6

창조성을 장려한다
아이디어의 질을 결정하는 '20퍼센트 규정'

창조성을 장려한다

구글의 엔지니어들은 근무시간 중 최대 20퍼센트를 자신이 선택한 프로젝트에 사용할 수 있다. 물론 승인이 필요하며 어느 정도 감독은 하지만, 기본적으로 창조적인 인재로서 활약할 것을 장려하고 있다.

또 작은 비밀병기로 '아이디어 메일링리스트'를 들 수 있다. 이것은 회사 전체 규모의 제안함(提案函)이다. 주차 규칙에서부터 미래의 애플리케이션 아이디어까지, 무엇이든 가리지 않고 제안할 수 있으며 누구든 자유롭게 그것에 대한 의견을 말할 수 있다. 그리고 가장 훌륭한 아이디어는 최고경영자에게 전해진다.

구글의 다양한 정책 중에서 창조성을 발휘하는 데 가장 중요하고 가치 있는 제도는 '20퍼센트 규정'이다. 이것은 근무시간 중 최대 20퍼센트를 자신이 하고 싶은 프로젝트에 사용할 수 있는 제도다. 시간을 어떻게 활용하는지는 각자 자유다. 하루 근무시간의 20퍼센트씩을 사용해도 좋고, 하루에 몰아서 써도 무방하다. 내용에 대해 회사는 제한적으로만 개입한다. 이 시간에 탄생한 아이디어와 프로젝트는 수없이 많다.

이 제도는 세르게이 브린의 초등학교 시절 체험에서 탄생했다. 그도 래리 페이지와 마찬가지로 몬테소리교육을 하는 초등학교에 다녔는데, 그곳에서는 학생들에게 어떤 일을 하라고 지시하지 않고 자신의 길은 자신이 선택하도록 했다. 세르게이 브린은 혼자서 수학 문제를 푸는 공부에 몰두했으며, 아홉살 때는 부모님이 선물로 사준 코모도어 64(당시 대표적인 개인용컴퓨터)에 열중했다. 이것이 계기가 되어 프로그래밍의 길로 나아간 것이다. 이 경험을 통해 세르게이 브린은 자유시간이 창조를 낳음을 배웠고, 그 교훈이 20퍼센트 규정을 탄생시켰다.

사람은 너무 바쁘면 새로운 뭔가를 생각할 여유를 잃는다. 또 영감은 업무와는 상관없는 다른 짓을 하고 있을 때 종종 찾아온다. 이것이 창조성이 지닌 신비함이다.

"경험이 없다는 것에는 장점이 있다."

… 래리 페이지

스탠퍼드대학원 재학 중에 구글을 창업한 래리 페이지와 세르게이 브린은 다른 회사에서 일한 경험이 없다. 그래서 구글의 훌륭한 복리후생 정책이 다른 회사에 끼친 영향에 대해 질문을 받았을 때도 이렇게 대답했다. "잘 모르겠습니다. 다른 회사에서 일해본 적이 있어야 말이지요."

세상을 모르는 젊은이들이 세계적인 대기업을 만들었다. 그들은 어떻게 그런 능력을 얻었을까? 래리 페이지는 이렇게 분석했다. "경험이 없다는 것에는 장점과 단점이 있다. 우리는 예비지식이 없었기 때문에 지금까지와는 다른 방식을 시도하는 데 저항감이 없었다."

경험은 중요하지만 '할 수 있다'와 '할 수 없다'를 너무 간단히 구분할 수 있게 되면 도전정신이 약해진다. 경험이 없는 두 사람은 그 부작용을 피할 수 있었고, 무지를 대담함과 도전정신으로 승화시켰다.

게다가 그들은 세상과 경영에 대해서는 무지했지만 컴퓨터에 관한 경험과 지식은 풍부했다. 어른이 된 뒤에 컴퓨터의 세계로 뛰어든 에릭 슈미트가 평가한 대로다. "세르게이와 에릭은 (스무 살 가까이 연상인) 내가 볼 때는 어린아이 같지만, 실제로 업계에서 보낸 시간은 나와 별 차이가 없다."

두 사람은 일찌감치 컴퓨터를 접하고 흥미를 느꼈으며 기술적인 문제를 생각했다. 컴퓨터에 관한 풍부한 경험과 회사경영에 관한 대담함, 여기에 숭고한 비전이 더해짐으로써 구글은 성공할 수 있었다.

'20퍼센트 규정'도 그 산물이라고 생각할 수 있다. 래리 페이지는 이렇게 말했다. "근무시간 중 20퍼센트는 자신에게 정말로 중요한 연구를 하는 데 사용할 수 있다. 그레고어 멘델(Gregor Mendel)도 취미를 추구하다가 유전법칙을 발견하지 않았는가? 기업이 거대해지면 혁신적인 프로젝트를 시도하기가 어려워진다. 우리에게도 그런 시기가 있었다. 그래서 새로운 콘셉트가 꼭 필요하다는 이야기가 나온 것이다."

래리 페이지는 아이디어가 일상업무의 연장선상에서만 탄생하는 것이 아님을 잘 알고 있었다.

"혁신에 실패하는 이유는
혁신이 탄생해 완성되기까지의 과정을
시스템화하지 않기 때문이다."

… 앨런 유스터스

　20퍼센트 규정을 사용할 것인지, 사용한다면 어떤 방식으로 할 것인지는 각자의 자유다. 사용해도 되고 사용하지 않아도 그만이다. 시간배분도 마찬가지다. 매일 조금씩 사용하는 사람도 있고, 한꺼번에 몰아서 사용하는 사람도 있다. 다른 직원이 진행하고 있는 프로젝트에 참가하는 직원도 있다. 외부에서 열리는 강연을 들으러 가도 상관없다. 틀에 얽매이지 않고 필요한 때 필요한 시간을 낼 수 있는 것이 20퍼센트 규정이다. 앨런 유스터스에 따르면, 이런 유연성이 중요하다고 한다. 틀에 얽매이면 아이디어가 나오지 않는다는 것이다.

　또 하나 중요한 점은, 단순히 시간을 주고 "자, 환경을 만들어 주었으니 알아서 하시오" 하며 방치해서는 안된다는 것이다. 아이디어를 구체적인 형태로 만들기 위한 시스템을 최종단계까지 유지해야 한다. 앞에서도 말했듯이 20퍼센트 규정을 통해 탄생한 아이디어는 모든 프로젝트를 망라하는 사내 데이터베이스에 등록되어 누구나 자유롭게 들여다보고 제안이나 비평을 할 수 있다. 그리고 그 가운데 높은 지지를 받은 아이디어에는 자금과 인력이 제공된다.

이런 시스템을 만든 이유에 대해 앨런 유스터스는 이렇게 설명했다. "많은 회사가 혁신에 실패하는 이유는 혁신이 탄생해 완성되기까지의 과정을 시스템화하지 않기 때문이다."

아이디어를 구체화하려면 먼저 만들어봐야 하며, 결국은 자금과 인력이 필요하다. 그것을 가능하게 하는 시스템이 없으면 아이디어는 아이디어인 채로 잊혀진다. 아이디어가 없는 것이 아니라 아이디어를 구체적인 형태로 만드는 시스템이 없어서 아이디어가 태어나지 못하는 것이다.

특수상대성이론을 구축한 알버트 아인슈타인(Albert Einstein)은 스위스 베른 주의 특허청 공무원으로 일하며 밤과 휴일을 이용해 연구에 몰두했는데, 그의 주변에는 '올림피아'(Olympia)라는 이름의 작은 아카데미가 있었다. 그는 올림피아의 동료들과 독서, 토론을 즐기고 베른의 의사, 목사, 기술자들과 기탄없는 대화를 나누며 자신의 생각을 심화시켰다. 천재물리학자도 아이디어를 구체적인 형태로 만드는 시스템을 가지고 있었던 것이다.

"20퍼센트 규정은 탐구라는 목적만을 위해 고안된 제도입니다."

··· 크리슈나 바라트

20퍼센트 규정이 구글의 독자적인 아이디어인 것은 아니다. 구글에 앞서 세계적인 화학기업 3M이 '15퍼센트 제도'를 만든 적이 있다. 그 제도를 통해 탄생한 것이 바로 대히트 상품인 '포스트잇'이다. 또한 스탠퍼드대학의 교수들은 일주일에 나흘은 연구실에서 보내고 하루는 조사나 다른 프로젝트를 위해 사용한다고 한다.

래리 페이지와 세르게이 브린은 이런 개념을 구글에 도입해 풍토로 만들었다. 보통 회사에서는 근무시간에 본업 이외의 일을 하거나 승인받지 못한 아이디어에 몰두하기가 어렵다. '정식 프로젝트로 승인받은 다음에 하라'는 풍토다. 꼭 하고 싶으면 근무시간이 끝나고 사무실의 불이 꺼진 다음에 해야 한다. 이른바 '야간연구'다.

그러나 이 야간연구조차도 회사의 풍토에 좌우된다. 보고도 못

본 척해주는 회사에서는 그래도 자신의 개인적인 시간을 줄여가며 자유롭게 연구할 수 있다. 그러나 이해해주지 않는 회사에서 야간연구를 하다가 발각되면 따돌림을 당하거나 상사와 관계가 험악해지는 등 실질적인 피해가 발생한다.

그런 점에서 구글은 목적의식이 강하고 적극적이다. 크리슈나 바라트는 이렇게 말한다. "20퍼센트 규정은 탐구라는 목적만을 위해 고안된 제도입니다."

게다가 '비즈니스로서 전망이 있는가?', '상사를 설득할 수 있는가?' 같은 문제로 골머리를 앓을 필요도 없다. 데이터베이스에 등록되어 많은 사람들의 의견과 비판을 통해 선별되는 가운데 수긍할 수 있는 결론이 나온다. 3M이나 스탠퍼드대학의 방식을 겉으로 모방하는 데 그치지 않고 풍토로 적극적으로 활용했다는 점이 구글의 특성이다.

"구글에는 사람의 마음에
활력을 주는 환경이 있다."

… 조 베다

구글의 20퍼센트 규정을 구글과 같은 풍토가 없는 회사에 그대로 이식하면 어떻게 될까? 마이크로소프트의 한 엔지니어는 마이크로소프트에는 왜 20퍼센트 규정이 없느냐는 질문을 받고 이렇게 대답했다. "만약 빌 게이츠가 제게 근무시간 중 20퍼센트는 원하는 연구에 사용해도 좋다고 말한다면 저는 이렇게 대답할 겁니다. '그거 좋군요. 하지만 전 이미 제가 연구하고 싶은 걸 연구하고 있는데요.'"

즉 구글의 시스템은 형식적인 것에 불과하며, 마이크로소프트에서는 20퍼센트 규정이 없어도 충분히 창조적인 연구를 할 수 있다는 말이다. 그러나 이 말을 뒤집어 생각하면 마이크로소프트는 '이미 연구 중인 것'에 속박되는 풍토라고도 말할 수 있을 것이다.

구글의 엔지니어인 조 베다(Joe Beda)는 이렇게 말했다. "이 방법이 효과를 보이는 이유는 환경과 철학에 뿌리를 두고 있기 때문이다. (…) 방법만 분리해서 강요하지는 않는다." 구글에서는 원하는 프로젝트를 마음껏 연구하라고 '장려'하지만 다른 회사에서는 해도 좋다고 '허가'한다. 이 점이 다르다고 말하는 것이다.

조 베다는 구글에는 그것을 가능하게 하는 환경이 있다면서 이렇게 말을 이었다. "구글에는 사람의 마음에 활력을 주는 환경이 있다. 누군가가 어떤 새로운 아이디어를 생각해내면 모두 흥분해서 '이렇게 하면 어떨까?', '저렇게 하면 어떨까?' 하고 한동안 토론을 벌인다."

마이크로소프트와 구글 중 어느 쪽이 더 우수한지에 대해서는 의견이 갈릴 것이다. 다만 압도적으로 많은 사람이 구글을 마이크로소프트보다 더 공정한 회사라고 생각하는 것이 사실이다. 그것은 사내에 사람들에게 활기를 주는 환경이 갖춰져 있는지 없는지를 미묘하게 반영한 결과가 아닐까?

"직원들에게 그들이 과학자이자 예술가임을 인식시킨다."

··· 크리슈나 바라트

구글과 마이크로소프트는 그 풍토가 상당히 다르지만, 구글과 애플은 비슷한 점이 많다.

매킨토시를 개발했을 때 애플의 스티브 잡스가 개발팀을 모아 놓고 사인회를 연 일화는 유명하다. 예술가가 자신의 작품에 사인하듯이 훌륭한 제품을 만들어낸 개발자들도 작품에 사인할 자격이 있다고 찬사를 보낸 것이다. 스티브 잡스는 엔지니어에게 예술가가 되라고 말하며 예술가 정신으로 일할 것을 요구했다.

당시의 멤버 중 1명인 앤디 허츠펠드는 이렇게 회상했다. "매킨토시는 경쟁 따위는 신경도 쓰지 않았으며, 오히려 예술적인 가치관에 따라 만들어졌다." 엔지니어들은 자신이 할 수 있는 최고의 능력을 발휘했고, 매킨토시는 기술적으로나 예술적으로나 최고의 작품이 되었다.

구글뉴스를 만들어낸 크리슈나 바라트는 구글의 20퍼센트 규정에도 같은 의미가 있다고 말한다. "이것은 직원들에게 그들이 과학자이자 예술가임을 인식시키기 위한 수단이다."

래리 페이지와 세르게이 브린의 모토는 "불가능이라는 말에 건전한 의문을 품자"다. 기존의 방식에 경의를 표하지 않으며, 그것을 뒤엎기를 서슴지 않는다. 비상식적으로 보이는 발상이 세상을 바꾼다고 생각한다.

그러나 기업이 커지면 이런 생각은 아무래도 약해질 수밖에 없다. 그것을 막고자 도입한 것이 바로 20퍼센트 규정이다. 즉 20퍼센트 규정은 구글의 지적 자유의 상징이기도 하다. 구글의 직원들이 단순한 엔지니어나 비즈니스맨이 되기를 원하지 않고, 자유롭게 생각하고 항상 건전한 의문을 품으며 세상을 바꿔나갈 과학자이자 예술가가 되기를 바라는 래리 페이지와 세르게이 브린의 강한 바람이 담겨 있는 것이다.

"사업계획을 보여달라는 말은 들은 적이 없습니다."

… 세르게이 브린

기업이 금융기관에서 돈을 빌리거나 벤처캐피털에서 투자를 받고자 할 때 상세한 사업계획은 꼭 필요하다. 자기 제품의 우위성이나 시장성 등을 호소하고 향후의 매출액 또는 이익을 3년이나 5년 단위로 전망해서 설명한다. 이것을 못하면 보통은 자금을 얻을 수 없다. 그런데 구글은 사업계획이 존재하지 않았음에도 투자하겠다는 사람과 기업이 몰려들었다.

구글을 갓 창업했을 무렵, 램 슈리램이 세르게이 브린에게 사업계획서가 필요하다고 말하자 세르게이 브린은 이렇게 말했다. "그런 거 없는데요. 사업계획을 세우려고 한 적도 없지만, 기본적으로는 보여달라는 말을 들은 적도 없어서 말입니다."

사업계획도 가지고 있지 않은 구글이 투자를 받을 수 있었던 이유는 앞에서도 말했듯이 다른 회사와 완전히 다른 단호하고 장대한 비전이 있었기 때문이다. 그리고 기술이 놀랍다, 새롭다는 수준이 아니라 세계 최고였기 때문이다.

구글의 초기 투자가 중 1명인 아마존의 창업자 제프 베조스도 수표를 끊어준 이유를 이렇게 설명했다. "사업계획이라고 부를 만한 것은 가지고 있지 않았다. 하지만 두 사람에게는 '고객의 시점'이라는 비전이 있었다."

이것은 벤처캐피털과 교섭했을 때도 마찬가지였다. 구체적인 매출계획도 수익목표도 없었지만, 클라이너 퍼킨스의 존 두어가 구글의 기업규모가 어느 정도나 될 것 같냐고 묻자 래리 페이지는 즉시 "100억달러"라고 대답했다.

근거는 단지 비전과 기술뿐이었지만, 보기 좋게 만든 사업계획서보다 훨씬 강력했다. 투자가들은 '이것은 허풍이 아니다. 틀림없이 패러다임 시프트(paradigm shift, 인식체계의 대전환)를 일으킬 것'이라는 확신까지는 할 수 없었겠지만, 어렴풋이 예감은 했을 것이다. 그것으로 충분했다.

창업 후 5년 만에 구글은 성장률 40만퍼센트라는 믿기 어려운 성장을 이루어냈다. 이런 성장률을 사업계획서에 쓰면 지금 장난하냐는 소리밖에 듣지 못한다. 계획이 아니라 창조력만이 이룰 수 있는 위업이었다.

Golden Rules

7

합의를 이끌어내기 위해 노력한다
구글은 군중의 지혜를 믿는다

합의를 이끌어내기 위해 노력한다

독자적인 판단을 내릴 수 있는 리더를 영웅시하는 기업문화가 있다. 그러나 구글은 '다수는 소수보다 현명하다'는 견지에서 널리 의견을 구한다. 구글에서 경영자는 결정권을 쥐고 있는 독재자가 아니라 다양한 의견을 모아 정리하는 사람이다. 물론 합의에 이르기까지 시간이 걸릴 때도 있다. 그러나 그렇게 해서 정한 일에는 진심으로 몰두하게 된다.

구글은 군중의 지혜를 믿는다. 직원을 채용할 때는 모든 채용위원의 의견을 들으며, 제품은 실제로 사용한 직원들의 목소리를 반영해 개선해나간다. '페이지랭크'에서 기준이 되는 링크 수도 말하자면 사용자의 지지도다. 물론 결단은 혼자서 내려야 한다. 그러나 그 결단에 이르기까지는 다양한 의견을 들어보는 것이 중요하다.

한 유명한 영화감독의 신조는 '세상에 재미없는 아이디어는 없다'였다. 물론 실제로는 좋은 아이디어도 있고 쓸모없는 아이디어도 있다. 그러나 좋은 아이디어가 아니면 가지고 오지도 말라고 해서는 안된다. 좋은 아이디어를 얻으려면 옥석이 혼재된 수많은 아이디어를 들어보고 그것에서 힌트를 발견해 승화시킬 필요가 있다.

또 뛰어난 경영자일수록 어떤 제안이든 진지하게 귀를 기울인다. 별볼일없는 제안이나 이미 알고 있는 정보에도 진지하게 귀를 기울이다 보면 정말로 좋은 제안이 모여들기 때문이다.

구글은 어떤 방법으로 군중의 지혜를 모아 최선의 합의를 이끌어내고 있을까?

"우리 중 누구 한 사람도
우리 모두보다 현명할 수는 없습니다."

… 에릭 슈미트

카리스마를 발휘하는 경영자는 고마운 존재다. 한 사람의 판단을 따르기만 하면 실적이 오르니 이보다 더 편할 수가 없다. 문제는 후계자가 크지 못한다는 점과, 카리스마의 가면을 벗기면 독재자의 얼굴이 나타난다는 점일 것이다.

구글은 카리스마를 혐오한다. 구글의 모토는 '소수보다 다수가 더 현명하다'는 것이다. 구글은 아무리 작은 판단이라도 다양한 의견을 구한다. 에릭 슈미트는 펜실베이니아대학의 강연에서 이렇게 말했다. "우리 중 누구 한 사람도 우리 모두보다 현명할 수는 없습니다."

에릭 슈미트를 CEO로 맞이한 이래 계속되고 있는 삼두체제가 단적인 예다. 에릭 슈미트는 전권을 장악하고 있지 않다. 래리 페이지, 세르게이 브린과 함께 팀을 이루어 구글을 경영하고 있다.

두 창업자의 의견이 엇갈릴 때는 에릭 슈미트가 결정한다. 이에 대해 에릭 슈미트는 이렇게 설명한다. "중요한 의사결정을 내릴 때는 세 사람 모두 동의하는 것으로 한다. (…) 구글의 문화는 합의에 바탕을 둔 문화다. 결단이 나오지 않을 때는 내가 결단을 촉구한다."

그리고 전통적인 회사가 수직적인 계층과 지휘계통에 따라 움직이는 데 비해, 구글은 대량의 데이터를 바탕으로 합의를 통해 움직인다.

다만 여기서 말하는 합의는 "어떻게 생각해?" 식의 단순한 판단 떠넘기기나 "모두가 결정한 일이잖아?" 같은 무책임을 의미하지 않는다. 지금까지 이야기했듯이, 래리 페이지와 세르게이 브린은 상식과 관습을 의심하는 측면이 있다. 두 사람을 잘 알며 창업을 돕기도 한 스탠퍼드대학의 테리 위노그래드 교수에 따르면, 그들은 세상과 대립하게 되면 "우리가 생각을 고쳐야 하지 않을까?"가 아니라 "세상이 틀렸어"라고 말하는 유형이라고 한다. 분위기 파악하느라 눈치 보고, 남들과 똑같이 하기를 좋아하는 일반인들과는 상당히 다른 것이다.

래리 페이지와 세르게이 브린의 의견은 일치하는 경우가 80~90퍼센트이며, 다르다 해도 대개는 사소한 부분이라고 한다. 그런 두 사람의 의견과 주변의 의견이 대립하면 두 사람은 어떻게 할까? 래리 페이지는 이렇게 말했다. "우리 둘의 의견이 같다면 그것은 거의 옳다고 볼 수 있다. 의견이 다르다면 둘 중 하나는 옳다.

만약 우리 둘의 의견은 같은데 다른 사람들이 전부 반대할 때는 백퍼센트 우리가 옳다고 생각한다. 말이 좀 지나치다고 생각할지 모르지만, 진보하기 위해서는 이런 사고방식이 필요하다."

모두가 찬성하는 의견은 이미 시대에 뒤떨어진 것일 때가 많다. 변화를 한 발 앞서 파악하기 위해서도 모두를 중시하는 형식적인 만장일치 방식은 안된다. 주변이 반대해도 자기들이 옳다고 믿는 방향으로 나아가는 것이 중요하다.

물론 삼두체제에서는 만장일치가 원칙이다. 두 사람만 합의했을 때는 반대하는 한 사람을 합의한 두 사람이 설득하는 노력을 거듭한다. 여기에는 많은 시간이 걸리며, 개중에는 1명의 반대로 결국 진행되지 못하는 프로젝트도 있다고 한다.

모두의 의견을 듣는다. 그리고 대량의 데이터에 기초해 합의를 이끌어낸다. 이것이 바로 구글의 문화다.

"누가 승자가 될지는
사용자가 결정한다."

… 에릭 슈미트

구글은 사내에서뿐만 아니라 사용자들한테서도 합의를 얻으려고 한다. 그리고 이러한 모습은 '사용자경험'(User experience, 사용자가 제품을 즐겁게, 쾌적하게, 재미있게 체험할 수 있도록 하는 것)을 중시하는 것으로 나타난다. 무료로 검색서비스를 제공한 것, 광고주가 제공하고 싶어하는 정보보다 사용자가 필요로 하는 정보를 우선한 것, 또 지도서비스에 사용자가 정보를 적어넣음으로써 부가가치를 높일 수 있도록 해준 것 등은 모두 사용자경험을 향상시키고 싶다는 가치관에 바탕을 두고 있다. 이렇게 함으로써 구글은 사용자의 신뢰를 얻었고, 나아가 광고주의 신뢰를 얻는 데도 성공했다.

구글은 사용자야말로 옳다고 생각한다. 사내에서는 엔지니어가 왕이지만, 사외에서는 사용자가 왕이다. 이 가치관은 지극히

정당한 듯 보이지만 음악과 영화, 출판, 광고 등 수많은 산업과 종종 마찰을 일으킨다. 사용자가 요구하는 편리성과 업계의 이해관계나 질서가 상충될 때 구글은 망설임 없이 사용자를 우선하는데, 그것이 너무나 급격한 변화를 가져오기 때문이다. 그 결과 "그렇게 단번에 바꾸지 마시오", "우리 사정도 생각해줘야 하지 않소?", "이익을 빼앗을 셈이오?"라는 비판이 터져나왔고, '파괴자', '지배자' 같은 과격한 비난이 쏟아졌다. 그러나 그런 목소리에 대해 에릭 슈미트는 이렇게 말했다. "누가 승자가 될지는 사용자가 결정한다."

구글은 제품에 군중의 예지를 담고자 '구글 프렌드'라고 하는 메일링리스트도 만들었다. 과거에 소프트웨어 개발은 천재적인 엔지니어가 담당하는 고독한 작업이었으며, 사용자는 제품을 고맙게 이용하기만 할 뿐이었다. 그러나 구글은 제품을 베타 버전이라는 형태로 사용자에게 전달해 비판과 아이디어를 모은다.

구글이 창업한 지 얼마 되지 않은 1998년 봄, 래리 페이지와 세르게이 브린은 '구글 프렌드' 리스트에 있는 사람들에게 뉴스레터를 보냈다. 그리고 자신들의 메시지를 다른 사람들에게도 전송해 달라고 부탁했다. 메시지는 이런 것이었다. "구글이 현재의 데이터베이스를 사용하게 된 지 1달 이상이 지났습니다. 저희는 여러분의 의견을 듣고 싶습니다."

두 사람은 이런 질문을 했다. "검색결과에 만족하십니까?" "새로운 로고나 포맷이 마음에 드십니까?" "새로운 기능은 도움이 되었습니까?" 그리고 이렇게 끝을 맺었다. "의견과 비판, 불만, 아이디어 등 무엇이든 환영합니다."

일단 시험해보고, 문제점이 있을 때는 고치면 된다. 그래도 문제점이 있다면 다른 방법을 찾아본다. 광고팀을 이끄는 니콜라스 폭스(Nicholas Fox)는 이렇게 말한다. "최근 들어서는 일주일에 1번은 개선을 하고 있다. 이렇게 개선을 거듭했기에 애드워즈가 여기까지 진화할 수 있었다."

제품개선에 사용자의 목소리와 지혜를 활용함으로써 합의를 통한 제품을 내놓는다. 이것이 구글 성공의 비밀 중 하나다.

"사용자는 항상 옳다.
시스템은 교체할 수 있어도
사용자는 교체할 수 없기 때문이다."

… 래리 페이지

"고객과 사용자는 항상 옳다고 생각한다. 그리고 그들이 위화감을 느끼지 않는 시스템을 만들어야 한다. 시스템은 교체할 수 있어도 사용자는 교체할 수 없기 때문이다." 래리 페이지는 이렇게 말했다.

구글은 이러한 사용자 중시 사상을 줄곧 지켜왔다. 엔지니어가 무리라고 말해도 사용자의 시간을 낭비하지 않는 제품을 추구한다. 디자이너가 "노"라고 말해도 불필요한 것에 신경쓰지 않아도 되는 단순한 디자인을 추구한다. 투자가가 난색을 표해도 이익지상주의 쪽에는 서지 않는다. 이러한 구글의 자세에는 흔들림이 없다. 비전과 철학이 근간에 있기 때문이다.

기존의 상식과 관습을 의심하는 래리 페이지와 세르게이 브린이 유독 사용자를 신봉하는 이유는 무엇일까? 상식이나 관습은 변하지 않지만 사용자는 계속 변하기 때문이다. 말하자면 사용자는 혁신을 요구하는 최대의 수요자다.

2006년, 구글의 한 엔지니어가 래리 페이지와 세르게이 브린에게 이미지 검색결과 페이지에 광고를 실으면 매출액을 연간 8,000만 달러나 증가시킬 수 있다고 제안했다. 그러자 래리 페이지는 이렇게 질문했다. "지금의 매출액으로는 부족하다는 말입니까?" 세르게이 브린도 이렇게 의문을 표시했다. "그것이 어떻게 사용자 경험 향상으로 이어지는지 나로서는 알 수가 없군요." 결국 두 사람은 이 제안을 거부했다.

세상에는 수많은 기업이 있지만 이런 기업을 찾기는 좀처럼 쉽지 않다.

"단기적인 목표에 치중하는 것은
다이어트를 하는 사람이 30분마다
체중계에 올라가는 것만큼이나
핵심을 벗어나는 일입니다."

… 래리 페이지

기업에 성과주의가 확산될 때 생기는 폐해 중 하나는, 시간이 걸리는 어려운 과제에 도전하기를 회피하는 경향이 생긴다는 것이다. 모두가 장기목표보다는 단기목표, 어려운 목표보다는 달성가능한 목표를 향해 달리기 시작한다. 사실 생각해보면 당연한 일이다. 목표달성 여부를 기준으로 평가한다면 누구나 달성가능한 목표를 내건다. 높은 목표를 내걸었다가 달성률이 낮아지면 평가가 나빠지기 때문이다. 이런 상황에서 필요하지만 어려운 과제에 도전하는 것은 바보 같은 일이다.

기업이 발표하는 사분기 결산에도 비슷한 측면이 있다. 사분기별로 주주의 기대에 부응하는 숫자를 내보이려고 하면 이익을 내기 힘든 프로젝트에 자원을 투입할 여유가 없어진다. 직원을 해고해서라도 보기 좋은 숫자를 발표하는 편이 낫다. 그러면 경영자는 거액의 보수를 손에 넣을 수 있으며 체면도 유지할 수 있다. 이렇게 해서 경영은 단기지향적이 되어간다.

주식공개에 앞서 래리 페이지와 세르게이 브린은 사분기별로 단기목표를 세우고 그 결과에 일희일비할 마음은 조금도 없으며 그것만큼 한심한 일은 없다고 말했다. 증권거래위원회에 제출한 편지에는 이렇게 적혀 있다. "경영팀이 각종 단기적인 목표에 정신을 빼앗기는 것은 다이어트를 하는 사람이 30분마다 체중계에 올라가는 것만큼이나 핵심을 벗어나는 일입니다."

두 사람이 주주를 경시하는 것은 아니다. 그러나 목표는 자신들의 비전을 실현하는 것이다. 이를 위해서는 사용자의 의견과 비판, 아이디어가 우선이다. 사용자의 기대에 부응하고 세상을 좀 더 좋은 곳으로 바꾸고자, 이익으로 연결될 가능성이 작더라도 의미 있는 투자를 한다. 장기적으로 볼 때 최선이라고 생각하는 일이라면 무엇이든 한다. 두 사람은 그렇게 생각한다.

"성공으로 가는 유일한 길은
먼저 수없이 실패를 경험하는 것입니다."

··· 세르게이 브린

2003년, 한 고등학교에 초대를 받은 세르게이 브린과 래리 페이지는 이렇게 말해 학생들한테서 우레 같은 박수갈채를 받았다. "성공으로 가는 유일한 길은 먼저 수없이 실패를 경험하는 것입니다." 구글이 소수의 팀 단위로 동시에 수많은 프로젝트를 진행하고 있음을 언급한 뒤에 세르게이 브린이 한 말이다.

당시부터 구글에는 엄청난 양의 프로젝트들이 있었다. 지금은 상상도 할 수 없는 수로 불어났을 것이다. 20퍼센트 규정을 활용해 새로운 프로젝트가 속속 탄생하고 있다. 그 프로젝트 중 대부분은 사라지거나 실패하거나 영원히 이익으로는 이어지지 않을 것이다. 이것을 시간낭비라고 한다면 틀림없이 시간낭비다. 제품의 수도 방대하다. 이런 방식은 수익이라는 측면에서는 낭비라고 할 수 있다.

그러나 에릭 슈미트는 이렇게 말한다. "이에 대해 비판도 있지만, 이것이 우리의 전략이다. 구글이 지향하는 것은 완전한 고객 만족이다. 구글 자체를 하나의 제품으로 생각해주기 바란다."

구글은 모든 제품에서 수익을 올리려는 생각은 하지 않는다. 구글의 생각은 일반적인 경영의 사고방식과는 상충된다. 구글이 그럴 수 있는 이유는 막대한 수익을 올리고 있기 때문이기도 하다. 구글은 원하는 것이 있으면 무엇이든 살 수 있으며, 실패해도 그다지 타격이 없다고 다른 회사의 경영자들이 부러워할 만큼 힘을 가지고 있기에 가능한 일인 것이다.

세상에는 해보지 않으면 알 수 없는 것들이 많다. 구글이 대단한 점은, 알 수 없다고 해서 두려워하지 않고 일단 도전한다는 것이다. 이미 검색의 시대는 지났다고 말하는 사람들도 다른 것보다 훨씬 우수한 검색엔진을 보면 쓰고 싶어진다. 구글에는 물의를 빚은 제품도 있지만, 그것을 편리하다고 느끼는 사용자가 많아지면 언젠가는 대세가 된다.

우리가 배워야 할 것은 이렇게 두려움을 모르는 구글의 대담함이 아닐까? 아이디어가 있으면 일단 시도해보자. 일단 만들어보자. 처음부터 완벽하기는 어렵지만, 의견을 구하고 합의를 향한 노력을 계속하면 한없이 완벽에 가까워질 수 있다.

Golden Rules

8

사악해지지 않는다
우선순위에서 수익을 제외한다

사악해지지 않는다

이 구글의 경영방침은 지금까지 여러 곳에서 언급했는데, 우리는 진정으로 이것을 실천하려 하고 있다. 매니지먼트에서는 특히 그렇다. 어떤 조직에서든 사람은 자신의 견해에만 애착을 품는 경향이 있다. 그러나 유명한 모 하이테크기업의 경영기법과 달리, 구글에서는 아무도 의자를 집어던지지 않는다. 우리는 예스맨이 많은 회사가 아니라 관용과 존경의 사풍을 육성하고자 한다.

'사악해지지 않는다.' 구글이라는 기업을 특징
짓는 유명한 말이다. 2001년에 구글은 성장을 계속해나가는 가운
데 회사의 중핵이 되는 이념을 간결하게 정리하고자 했다.

'사용자 제일주의를 잊지 않는다', '잘 놀아라. 다만 도를 넘지
는 마라', '모두에게 경의를 품는다', '타인이 싫어하는 일은 하지
않는다' 등 다양한 의견이 쏟아졌는데, 이것을 본 엔지니어 폴 북
하이트(Paul Buchheit)가 이렇게 중얼거렸다. "그러니까 이 의견들
을 한마디로 요약하면 '사악해지지 않는다' 이거 아닙니까?"

이렇게 해서 훗날 회사의 모든 화이트보드에 '사악해지지 않는
다'라는 문구가 적혔다고 한다.

마이크로소프트는 강압적인 판매방식과 빌 게이츠의 독재 등
으로 '페어플레이를 하지 않는 기업'이라는 이미지가 있다. 이에
비해 구글은 깨끗한 회사가 되려고 한다. 돈이 목적이 아닌 비즈
니스, 독재가 아니라 중지(衆智)를 모으는 회사, 그리고 무엇보다
도 '전세계 사람들이 전세계의 정보를 무료로 손에 넣어 효과적으
로 사용할 수 있게 한다'는 숭고한 비전. 이러한 좋은 인상이 있었
기에 구글이 이만큼 성장할 수 있었음이 틀림없다.

다만 한편으로 구글은 기존업계로부터 적대시되거나 정보의
세계지배를 꿈꾸는 사악한 기업이라는 의심도 받고 있다. 구글의
실체는 과연 무엇일까?

"진보는 필요하지만, 그것이 항상 만인을 행복하게 하는 것은 아니다."

… 래리 페이지

모든 사람이 구글의 출현과 성장을 기뻐한 것은 아니다. 특히 미디어 관계자들에게 구글은 자신들의 지갑에서 돈을 빼앗아 가는 골치아픈 존재였다. CBS와 파라마운트(Paramount Pictures Corporation), MTV 등을 거느리고 있는 비아콤(Viacom Inc.)의 사장 멜 카마진(Mel Karmazin)은 래리 페이지와 세르게이 브린, 에릭 슈미트와 한 회담에서 이렇게 말했을 정도다. "자네들은 마법을 망치고 있네."

이런 반응에 대해 래리 페이지는 이렇게 말했다. "전통적인 미디어를 포함해 모든 사람을 기쁘게 하는 것이 구글의 목적은 아니다. (…) 진보는 필요하지만, 그것이 항상 만인을 행복하게 하는 것은 아니다."

무엇을 위해 그 사업을 하는지는 기업에 중요한 의미를 지닌다. 전통적인 미디어도 원래는 '마법'을 만들려고 사업을 시작했음이 틀림없다. 그러나 지금은 기득권을 지속시킴으로써 수익을 최대화하는 것이 목적이 되었다.

한편 세르게이 브린은 이렇게 말했다. "우리의 목적은 검색이라는 행위를 최대한 쾌적하게 만드는 것이다. 수익을 최대화하는 것이 아니다." 1999년에 클라이너 퍼킨스와 세쿼이아 캐피털로부터 2,500만달러를 출자받고 스탠퍼드대학의 게이츠센터(빌 게이츠가 기부했다)에서 이에 대해 기자회견을 열었을 때 한 말이다.

앞으로 벤처캐피털의 지원을 받아 성장하려고 하는 기업으로서는 보기 드문 사고방식이다. 게다가 대외적인 이미지를 위해 한 빈말이 아니라 진심으로 그렇게 생각했다.

기업은 그저 매출을 늘리면 그만인 존재가 아니다. 윤리관이 없는 기업은 아무리 이익을 올려도 지지받지 못하며 오히려 세상의 반감을 산다. 기업은 규모에 어울리는 사회공헌과 국제공헌을 해야 한다. 이것을 달리 표현하면 바로 '사악해지지 않는' 것이다.

"중요한 것은 현장의 엔지니어가
권한을 가지는 기업문화다."

… 래리 페이지

구글이 '엔지니어의 낙원'으로 불리는 이유는 무료 식사 등 수많은 복리후생 제도 때문만은 아니다. 가장 중요한 것은 구글이 자유롭게, 마음껏 일할 수 있는 장소이며 창조성을 유감없이 발휘할 수 있는 직장이기 때문이다.

소수 인원으로 구성된 팀이 큰 사무실에서, 원활하게 커뮤니케이션하고 상사와 부하직원이라는 골치아픈 서열에 크게 얽매이지 않는 특징을 지닌 조직이 완성될 수 있었던 이유는 무엇일까? 여기에는 래리 페이지의 또 다른 생각이 있다. "기존의 기업에는 나쁜 패턴이 있다"가 그것이다.

제조회사를 살펴보면 가치를 낳는 생산현장보다 관리만 할 뿐인 경영진의 힘이 더 강한 경우가 종종 있다. 이와 마찬가지로 미국의 테크놀로지 기업에서도 실제로 일을 하는 엔지니어나 프로그래머들의 숨통을 경영진이 쥐고 있는 경우가 많다고 한다. 경영진이 기술에 해박하다면 그나마 괜찮지만, 실제로는 해박하기는커녕 무지한 경우가 더 많은 것이 현실이다. 그러면 아무래도 핵심을 벗어난 지시가 나올 수밖에 없으며, 엔지니어나 프로그래머들은 환멸을 느낀다.

그래서 래리 페이지는 이렇게 말했다. "중요한 것은 현장의 과학자나 엔지니어가 권한을 가지는 기업문화다. 그리고 그들이 하는 일을 진정으로 이해하는 인물이 관리자가 되어야 한다."

일반기업 중에 그런 문화가 있는 곳은 거의 없지만, 관습 따위는 개의치 않는 래리 페이지와 세르게이 브린은 자신들이 생각하는 조직을 만들어나갔다. 의미 없는 관리자는 두지 않고, 엔지니어들이 소수 인원의 팀을 만들어 일함으로써 고도의 창조성을 발휘하는 문화를 만들어냈다.

과거에 스티브 잡스도 개인용컴퓨터 사업이 개척자의 손에서 관리자의 손으로 넘어가려 하고 있다고 말한 적이 있다. 혁신은 관리자의 손에서 만들어지는 것이 아니다. 엔지니어의 숨통을 쥐고 있을 뿐인 악한 관리자는 필요 없다.

"구글은 틀에 갇혀 있는 회사가 아니며, 그렇게 될 생각도 없습니다."

… 래리 페이지

구글은 이익지상주의를 택하지 않음으로써 많은 사용자를 획득하고, 이어서 자신들에게 적합한 광고기법을 만들어내 막대한 수익을 낳는 회사로 변신을 이룩했다.

그다음 과제는 주식공개였다. 구글에 투자한 벤처캐피털이나 CEO로 고용된 에릭 슈미트에게 주식공개는 당연한 일이었다. 한편 래리 페이지와 세르게이 브린은 주식공개를 바라지 않았지만, 2003년에 주주가 500명이 넘으면서 연방법 규정에 따라 주식공개를 하거나 재무내용을 공표할 수밖에 없게 되자 어쩔 수 없이 주식공개를 받아들였다.

두 사람은 어차피 공개할 수밖에 없다면 구글다운 방식으로 하기를 원했다. 증권거래위원회에 제출한 서류에 첨부한 〈창업자가 보내는 편지〉는 이런 문장으로 시작한다. "구글은 틀에 갇혀 있는 회사가 아니며, 그렇게 될 생각도 없습니다."

또 월스트리트에서는 주식공개나 주가결정을 전문가가 맡아서 처리하는 것이 규칙이지만, 구글은 경매시스템을 도입했다. 구글이 최저가격을 정하고 그것을 웃도는 가격으로 입찰한 사람은 누구나 주식을 구입할 수 있게 한 것이다. 수수료를 통상적인 가격의 절반 이하로 낮춘 것도 사용자를 중시하는 구글답다.

또한 주주의 권리는 인정하지만 회사를 경영하는 것은 자신들임을 명확히 하는 것도 잊지 않았다. 일반투자가를 대상으로 한 주식의 의결권과, 창업자가 보유한 주식의 의결권에 등급 차이를 두어서 회사의 지배권을 자신들의 수중에 남겨둔 것이다.

관례를 깨는 이러한 파격적인 방식에 대한 반발도 컸다. 그러나 2004년 8월 구글의 주식은 1주당 100달러에 상장되었다. 이 주식공개로 구글에는 900명의 백만장자가 탄생했다. 창업자는 억만장자가 되었고, 구글 창업을 지원한 사람과 기업, 스탠퍼드대학도 거액의 자금을 손에 넣었다.

에릭 슈미트는 이렇게 독자적인 방식의 효용성을 역설했다. "다시 한 번 일반적인 방식으로 공개할 것인가, 독자적인 방식으로 공개할 것인가 선택할 기회가 온다 해도 역시 후자를 선택할 것이다. 이 정도의 평판은 돈으로 살 수 있는 것이 아니다."

"우리가 경제적으로 성공했다고 한다면, 그것은 멋진 부산물에 불과하다."

… 래리 페이지

주식공개는 기업을 설립한 사람이라면 누구나 꿈에 그리는 무대다. 래리 페이지도 주식공개를 하는 날에 에릭 슈미트 등 간부들과 함께 뉴욕의 나스닥거래소로 향했다.

거래시작을 알리는 벨이 울렸고, 래리 페이지는 모건스탠리(Morgan Stanley) 사무실에서 주가를 지켜보았다. 마리사 마이어가 계속 물었다. "100달러를 넘나요? 넘는 건가요?" 100달러에서 안정될 것 같다는 트레이더의 말을 듣자 구글의 멤버들은 구글 사무실로 향하는 차에 올라탔다. 문이 닫히자마자 래리 페이지가 휴대전화를 꺼내들고 소리쳤다. "엄마한테 전화해야지!" 그 말에 모두들 휴대전화를 꺼내 전화를 걸기 시작했다고 한다.

그 무렵, 또 1명의 창업자인 세르게이 브린은 어디에 있었을까? 그는 동부인 뉴욕과는 정반대에 있는 서부 캘리포니아 주 마운틴

뷰의 본사에서 평소와 다름없이 일하고 있었다. 간부 전원이 뉴욕으로 향하는 것은 회사 차원에서 잘못된 메시지를 세상에 보내게 된다는 이유에서였다. 구글의 목적은 세상을 더 좋게 만드는 것이지 결코 돈이 아님을 세상에 보여주기 위해 세르게이 브린은 본사에 남아 평소와 다름없는 시간을 보냈다.

이에 대해서는 래리 페이지도 같은 생각이었다. 세계 유수의 자산가 대열에 합류하게 된 데 대해 그는 이렇게 말했다. "우리가 경제적으로 성공했다고 한다면, 그 성공은 본래의 목적과는 떨어진 곳에서 탄생한 멋진 부산물에 불과하다."

구글은 직원들에게 스톡옵션을 부여할 목적으로 항상 매출액의 12퍼센트를 할당해왔다. 경제적 성공은 부산물에 불과하다는 말은 결코 이미지를 위한 빈말이 아닌 듯하다.

"성장하는 것만이
구글의 목표는 아니다."

… 세르게이 브린

구글은 사악해지지 않기 위해 항상 2가지를 잊지 않는다.

첫째는 세계를 좀더 나은 곳으로 바꾼다는 목표를 절대 잊지 않으며, 수익사업은 그 비용을 손에 넣기 위한 수단으로 생각한다는 것이다.

주식공개에 앞서 세르게이 브린은 이렇게 말했다. "단순히 성장하는 것만이 구글의 목표는 아니다. 훌륭한 대기업은 세상을 더 좋은 곳으로 만들기 위해 경영자원의 일부를 투입해 여러 가지 문제를 해결, 개선하고자 노력할 의무가 있다."

이러한 사회공헌 노력 중 하나로 '100달러 컴퓨터 프로젝트'가 있다. 이 프로젝트를 공표한 2006년, 전세계의 인터넷 이용자는 약 10억명에 이르렀다. 인류 전체의 15퍼센트에 해당하는 숫자다. 그 사용자 중 상당수는 구글을 이용하고 있으며, 구글은 그들이 인터넷을 편하게 이용할 수 있도록 언어를 비롯해 필요한 것들을 거의 모두 지원하고 있다.

그러나 아프리카로 대표되는 가난한 지역에서는 아직 컴퓨터도 이용하지 못하고 있으며, 인터넷 환경도 정비되어 있지 않은 것이 현실이다. 그러니 100달러라는 저렴한 가격의 컴퓨터를 만들자. 여기에 사람이 직접 손으로 전기를 생산할 수 있도록 크랭크(돌리는 손잡이)를 달고 무선 랜과 구글의 소프트웨어를 탑재한다. 이 컴퓨터를 널리 퍼뜨리면 문자 그대로 전세계 사람들이 인터넷에 접속할 수 있을 것이다.

이런 자세가 있기에 구글은 세계에서 가장 존경받는 기업 중 하나로 선정될 수 있었다. '도덕적인 힘(Moral force)'을 발휘하고 싶다'는 목표는 이제 다른 회사에서는 찾아볼 수 없는 구글의 독자적인 목표다.

둘째는 독재자의 손에 넘어가지 않는 것이다. 이를 위해 '구글의 10가지 황금률'이 있다고 해도 과언이 아닐 정도로 여러 가지 방책을 사용하고 있다.

구글은 카리스마 경영자 1명이 이끄는 기업이 아니라 아이디어를 가진 직원들이 주역이 될 수 있는 기업을 지향하고 있다. 그리고 그 풍토는 거의 뿌리를 내렸다고 할 수 있다.

Golden Rules

9

데이터가 판단을 이끈다
잘못된 판단은 잘못된 데이터에서 나온다

데이터가 판단을 이끈다

구글에서는 계량적인 경영분석을 바탕으로 대부분의 판단을 내린다. 우리는 인터넷뿐만 아니라 사내에도 정보관리 시스템을 만들었다. 꾸준히 최신정보를 살펴보며, 데이터와 트렌드를 읽는 분석가를 많이 보유하고 있다. 그들이 실적을 해석해 트렌드를 그림으로써 회사를 최대한 최신 트렌드에 맞게끔 하고 있는 것이다.

"당신이 독재자라면 제일 먼저 할 일은 무엇이겠습니까?" 2009년, 펜실베이니아대학의 졸업식 강연에서 에릭 슈미트는 졸업생들에게 이렇게 물었다. 그리고 이어서 대답했다. "모든 통신을 끊고 사람들이 대화하지 못하도록 하며, 세상을 더 좋게 만들려면 어떻게 해야 하는지 생각하지 못하게 하는 일입니다."

래리 페이지도 이렇게 말했다. "인생은 어떤 정보가 손에 들어오는지에 따라 달라질 가능성이 있다." 분명히 정보 하나에 따라 문제에 대한 대처와 결단, 선택이 크게 달라지게 마련이다.

그 정반대의 예가 의견이 엇갈릴 때 결국 목소리 큰 사람이 이기는 경우다. 힘으로 억눌러버리면 잘못된 판단이 나온다. 그러나 구글에서는 이런 잘못이 거의 발생하지 않는다. 데이터를 철저히 활용함으로써 항상 올바른 판단을 내리려고 하기 때문이다. 잘못된 판단을 내렸다면 그것은 데이터가 잘못되었기 때문이라고 생각한다.

그런데 데이터와 마찬가지로 감성이나 인간적인 정을 중시하는 사람은 이 자세에 의문을 느낄지도 모른다. 사람은 감정의 동물이며, 데이터만으로 움직이지는 않기 때문이다. 데이터와 인간성의 균형을 구글은 어떻게 맞추고 있을까?

"지금 해결책을 발견하지 못했다고 해서 해결책이 존재하지 않는 것은 아니다."

… 에릭 슈미트

회의 중에 세르게이 브린이 어떤 아이디어를 심하게 비난했다. 보다 못한 에릭 슈미트가 세르게이 브린에게 비난을 멈추게 하고 회의 참석자 전원을 퇴장시킨 다음 래리 페이지를 포함해 3명이서 이야기를 나누기 시작했다. 얼마 후 일이 있어 자리를 뜨게 된 에릭 슈미트는 두 사람이 의견일치를 본다면 그 의견에 따르겠다고 말하고 떠났다.

다음 날 에릭 슈미트가 래리 페이지와 세르게이 브린에게 어떻게 됐냐고 묻자 두 사람은 회의에서는 나오지 않은 완전히 새로운 아이디어를 생각해냈다고 했다. 그리고 그것을 실행하기로 했다고 말했다.

에릭 슈미트는 이 경험을 통해 최적의 해법은 지금 있는 선택지 중에 없을지도 모른다는 것을 배웠다. 그래서 바로 답이 나오지 않는 문제에 대해서는 이렇게 생각하기로 했다고 한다. "지금 시점에서 해결책을 발견하지 못했다고 해서 해결책이 존재하지 않는 것은 아니다. 중요한 것은 새로운 무엇인가를 만들어내는 일이다."

학창시절에 보는 시험문제와 사회에서 만나는 문제의 차이는 무엇일까? 전자에는 명확한 해답이 있다. 그러나 후자에는 명확한 해답이 없을 수도 있고, 해답이 하나가 아닐 때도 있다. 게다가 실행해보지 않고서는 무엇이 정답인지 알 수 없는 때도 종종 있다. 말 그대로 새로운 해답을 만들어내는 것이 필요하다.

쉽게 답이 나오지 않는 문제에서 새로운 답을 만들어내려면 반드시 찾아낼 수 있다는 집념을 갖는 것이 중요하다. 그리고 동시에 정확한 정보를 찾는 것이 핵심이 된다. 현대는 정보 홍수의 시대다. 강한 인내심으로 찾으면 반드시 해답을 구하는 데 도움이 되는 정보를 발견할 수 있을 것이다.

"제대로 된 정보를 가지고 있으면 사람은 더 나은 선택을 할 수 있습니다."

… 세르게이 브린

세상에는 다양한 격차가 존재한다. 정규직과 비정규직 직원의 격차, 연금 등에 관한 세대 간 격차, 성별 격차나 지역 간 격차도 화제에 오른다. 그러나 아마도 가장 심한 격차는 '정보 격차'일 것이다.

한 미디어업계의 중진이 이렇게 세르게이 브린을 도발했다. "구글은 전통적인 미디어의 호주머니에서 돈을 빼앗는 것을 제외하고, 사회에 무슨 공헌을 했습니까?" 그러자 세르게이 브린이 이렇게 말했다. "아주 기본적인 것을 했습니다. 제대로 된 정보를 가지고 있으면 사람은 더 나은 선택을 할 수 있습니다."

그리고 물건을 사는 경우를 예로 들었다. 세르게이 브린은 아프리카 잠비아에서 만난 사람이 200달러를 주고 DVD를 샀다고 하기에 미국에서는 30달러면 살 수 있다고 가르쳐줬다고 한다.

"그 사람이 제대로 된 정보를 가지고 있었다면 훨씬 더 적은 돈을 내고 DVD를 살 수 있었을지도 모릅니다. (…) 아는 것은 이익이 됐으면 됐지 결코 손해는 되지 않습니다."

구글 덕분에 사람들은 찾고 싶은 것을 간단히 찾아낼 수 있게 되었다. 그것은 물건이나 서비스를 파는 기업에도, 그것을 사용하는 사용자에게도 매우 좋은 일이다. 검색 솜씨가 더욱 좋아지면 사람들은 여러 가지 어려운 문제에 대한 해답도 찾을 수 있게 될 것이다. 정보 격차를 해소해 모든 이가 다양한 정보를 무료로 얻을 수 있게 되는 것보다 훌륭한 사회공헌은 없다. 이것이 세르게이 브린의 생각이었다.

세상이 복잡해지면 답을 찾기가 어려워진다. 그럴 때 무기 혹은 지팡이가 되어주는 것은 정보다. 에릭 슈미트는 펜실베이니아 대학의 강연에서 "정보는 힘"이라고 말했다. 올바른 정보를 얻으면 사람은 올바른 판단을 할 수 있게 된다. 그는 또 이런 말도 했다. "압제를 실시하고 있는 나라의 정권을 공략할 때 가장 좋은 방법은 정보를 사용하는 것이다."

그런데 그로부터 2년도 지나지 않은 2011년에 중동과 북아프리카에서는 정보를 손에 넣은 젊은이들을 중심으로 정권타도 시위가 벌어졌고, 실제로 몇몇 나라에서는 혁명이라고도 부를 수 있는 승리를 손에 넣었다. 그리고 이때 활약한 매체가 자유로운 정보교환과 커뮤니케이션을 가능하게 해주는 페이스북과 유튜브였다. 인터넷 접속 차단이라는 강경수단도 정보 앞에서는 무용지물이었다. 에릭 슈미트가 지적한 일이 실제로 일어난 것이다. 이 사건을 계기로 정보가 지닌 힘을 새삼 인식한 사람이 많았을 것이다.

"우리 사업은 숫자로 측정할 수 있는 부분이 매우 크다."

… 에릭 슈미트

구글의 수입 중 대부분을 만들어내는 검색연동 광고의 유용성을 측정하기 위해 구글은 광고주에게 '구글 애널리틱스'(Google Analytics)를 제공한다. 이것을 이용하면 광고주는 시간 단위로 클릭 수와 판매액, 클릭이 실제 구입으로 연결된 비율 등을 알 수 있다. 자신의 광고가 얼마나 효과를 냈는지 데이터로 알 수 있으므로, 데이터를 축적하면 언제 누구에게 어떤 광고를 해야 가장 효과적인지 명쾌하게 파악할 수 있다.

이것은 텔레비전이나 신문, 잡지 등의 광고에는 없었던 장점이다. 기존에는 광고의 영향을 정확히 알기가 어려웠다. 그래서 광고비도 실제 효과와는 상관없이 결정되었다. 상품을 직접 광고하지 않는 이미지광고가 존재한 것도 그 때문이다. 상품이 아니라 기업의 이름을 팔아서 좋은 이미지를 정착시킴으로써 구매행동으로 연결시키겠다는 것이 잘못된 생각은 아니다. 그러나 그 비용이 너무 많이 들어간다.

한편 구글의 경우, 에릭 슈미트는 이렇게 단언했다. "우리 사업은 숫자로 측정할 수 있는 부분이 매우 크다. 산업별이나 고객별로 광고비를 몇 달러 내면 그 대가로 몇 달러의 매출을 얻는지 알 수 있다."

데이터 비슷한 것은 있지만 비용 대비 효과를 명쾌하게 계산하지 못하던 광고의 세계에 구글은 명확한 데이터를 도입했다. 꿈을 팔고 이미지를 파는 기존의 광고 세계와, 데이터로 모든 것을 결정하는 구글의 사이가 좋지 않은 것은 당연한 일인지도 모른다.

이 점은 래리 페이지와 세르게이 브린의 자질과도 관련이 있다. 두 사람은 구글을 창업하지 않았다면 스탠퍼드대학의 컴퓨터과학부에서 박사학위를 취득해 학자의 길을 걸었을 것이다. 실제로 대학이냐 사업이냐 하는 선택의 기로에 섰을 때, 지도교수는 두 사람에게 이렇게 말했다. "구글이 성공해 돈을 번다면 아주 좋은 일이지. 하지만 설령 실패하더라도 대학원으로 돌아와서 박사논문을 완성하면 되니 도전해보게." 두 사람은 알았다고 대답했다.

또 두 사람이 에릭 슈미트를 CEO로 영입한 것도 그가 CEO의 경력뿐만 아니라 캘리포니아대학 버클리스쿨에서 컴퓨터과학 박사학위를 받은 이력도 있기 때문이었다. 여기에 에릭 슈미트는 스티브 잡스와 빌 게이츠에게 지대한 영향을 준 것으로 유명한 제록스(Xerox Corporation)의 팔로알토연구소(PARC : Palo Alto Research Center Incorporated)와 벨연구소(Bell Laboratories)에서 연구한 경험도 있었다.

구글은 컴퓨터과학자 세 사람이 공동으로 경영하는 이질적인 회사인 것이다. 에릭 슈미트는 구글의 경영에 자신감을 갖고 이렇게 말했다. "구글은 세 컴퓨터과학자가 경영하는 기업이다. 경영을 하는 컴퓨터과학자가 저지를 만한 잘못이라면 우리도 저지를 가능성이 있다. 그러나 과학자가 아닌 경영자가 저지를 만한 잘못은 저지르지 않을 것이다. 우리가 잘못을 저지른다면 그건 사실이나 데이터, 분석에 바탕을 둔 것일 확률이 크다."

"우리는 '증명해보시오' 같은 분석적인 접근법을 중시한다."

··· 에릭 슈미트

데이터를 향한 구글의 집착은 매우 강하다. 전문가에게 데이터를 모으게 하고, 그것을 기반으로 철저한 토론을 벌여 방침을 결정한다. 다른 기업에도 데이터도 없이 무작정 판단을 내리는 경영자는 없지만, 그래도 구글이 볼 때 그들은 아직 감이나 경험을 지나치게 우선한다.

에릭 슈미트는 이렇게 말했다. "너무 많은 기업이 감이나 경험을 바탕으로 경영을 하고 있다. 그러나 우리는 '자, 증명해보시오' 같은 분석적인 접근법을 중시한다."

인품이 좋고 현명하며 달변가이고 마케팅에서 볼 때 옳은 말을 하는 경영자는 통찰력이 부족한 경우가 많은데, 그런 경영자는 분석적인 접근법을 실천하지 않기 때문이라는 것이 에릭 슈미트의 주장이다.

에릭 슈미트는 본인이 컴퓨터과학자인 만큼 예전부터 데이터의 중요성을 잘 알고 있었다. 그러나 구글에 입사한 지 얼마 안되었을 때부터 구글이 얼마나 데이터를 중시하는 회사인지 실감할 수 있었다. 인터넷 검색결과에 광고를 첨부할 것인지 결정하는 회의였는데, 간부들 10명이 모두 방대한 데이터를 들고 와 그것을 바탕으로 자신의 주장을 펼치는 것이었다. 그 시간이 장장 2시간에 이르렀다고 한다.

결과적으로는 만장일치로 가결되었지만, 아무런 근거도 없이 '나는 이렇게 생각한다' 식으로 주관적인 주장을 하는 사람은 1명도 없었으며, 모두들 '데이터가 이렇게 말해주고 있다'며 객관적인 데이터를 배경으로 주장을 전개했다.

구글에서 결정을 좌우하는 것은 데이터다. 소비자제품담당 디렉터인 마리사 마이어는 두 우수한 사람이 서로 다른 의견을 내놓았다면 그것은 그들이 가지고 있는 데이터가 다르기 때문이라고 말했다. 구글이 데이터를 얼마나 중시하는지 잘 나타내는 말이다.

"페이지뷰가 많은 기사는 대체로
기자가 보람을 느끼며 쓴 것이 아니다."

… 래리 페이지

'페이지랭크'는 웹사이트에 걸려 있는 링크의 수를 보면 그 사이트의 인기도를 알 수 있다는 발상에서 시작했다. 물론 그것이 전부는 아니지만 '링크가 많다 = 인기가 높다 = 중요하다'는 등식이 존재했음은 틀림없다.

그런데 이 생각에는 링크의 수라는 숫자만으로는 측정하기 어려운 '사이트의 질'이 누락되어 있다. 그래서 처음에는 웹사이트에 열심히 몰두하는 사람들한테서 항의를 받는 일도 적지 않았다.

'율리시스 S 그랜트'라는 홈페이지를 운영하는 사람들이 구글에 이런 항의를 했다. 이 홈페이지는 남북전쟁 관련 유력잡지에서 남북전쟁을 다룬 최고의 사이트로 선정되었음에도 구글 검색에서는 최상위가 아니었다. 이 홈페이지보다 훨씬 내용이 부실한 홈페이지가 상위에 있었기 때문에 그들은 구글에 이렇게 호소했다.

"우리 홈페이지를 5분 만이라도 살펴봐주세요. 그러면 반드시 순위를 올리게 될 테니까."

그들은 래리 페이지와 세르게이 브린이 자랑하는 알고리즘에 기반을 둔 순위시스템이 웹사이트를 운영하는 사람의 열정이나 사이트의 질을 고려하지 않는다고 생각한 것이다.

분명히 링크의 수와 사이트의 질은 때로는 무관하며, 간혹 상반된 결과를 보이기도 한다. 인터넷을 통한 뉴스 발신이 증가함에 따라 래리 페이지는 이런 걱정을 하고 있다. "페이지뷰가 많은 기사는 대체로 기자가 보람을 느끼며 쓴 것이 아니다."

검색결과도 검색연동 광고도 사용자를 위해서라면 질 높은 것이 상위에 올라가는 것이 바람직하다. 검색의 성공은 정보의 질에 달려 있다. 데이터를 중시하면서 어떻게 하면 데이터에는 나타나지 않는 질을 반영할 것인지가 구글의 과제라고 할 수 있다.

"컴퓨터는 논리적인 기계이며, 변화는 인지하지 못한다"는 피터 드러커의 지적처럼, 컴퓨터과학자들에게도 자신 없는 분야가 있다. 구글의 충돌은 종종 이렇게 데이터 이외의 분야에서 일어난다.

"누군가가 '암'을 검색했을 때, 검색엔진은
광고와 질 높은 정보 사이트 중
어느 것을 보여줘야 할까?"

… 세르게이 브린

세르게이 브린과 래리 페이지가 만들어낸 기술은 구글에 투자
한 존 두어와 마이클 모리츠가 봤을 때 그전까지 본 적이 없을 만
큼 뛰어난 것이었다.

마이크로소프트를 설립한 빌 게이츠와 폴 앨런(Paul Allen)이나,
애플을 설립한 스티브 잡스와 스티브 워즈니악(Steve Wozniak)이
그랬듯이, 두 사람은 머리가 비상하게 뛰어날 뿐만 아니라 매우
높은 목적의식을 가지고 있었다. 애플을 비롯한 실리콘밸리 기업
의 창업기를 잘 알고 있는 마이클 모리츠는 이 높은 목적의식이야
말로 성공에 꼭 필요한 요소이며, 불타오르는 신념이 있어야 어떤
장애물도 극복할 수 있다고 말했다.

그러나 수익에 관해서는 간단히 장애물을 극복할 수 없었다.
아니, 극복할 수 없었다기보다는 자신들이 내건 이념이 장애물이

되었다. 두 사람의 목적은 '클릭 1번으로 전세계의 모든 정보를 제공하는 것'인데, 검색결과 옆에 배너광고를 실으면 검색 속도를 늦출 뿐만 아니라 사용자의 신경을 거슬리게 한다. 게다가 광고는 검색에 꼭 필요한 요소도 아니다.

또한 당시 일반적이었던, 검색결과에서 광고주의 순위를 높이는 방법도 두 사람이 볼 때는 사악한 행위였다. 세르게이 브린은 그 이유를 이렇게 설명했다. "누군가가 '암'을 검색했을 때 검색엔진이 보여줘야 하는 것이 광고를 싣기 위해 돈을 내고 있는 사이트일까, 아니면 질 높은 정보를 싣고 있는 사이트일까?"

경영자가 아닌 사용자의 처지에서 생각하면 이 질문에 대한 답은 명확하다. 사용자에게 질 높은 검색서비스를 제공하는 것이야말로 구글의 목적이다. 그래서 광고주의 의사나 의향이 검색결과에 개입됨으로써 사용자의 요청으로부터 멀어지는 상황은 무슨 일이 있어도 피하고 싶었다.

광고주가 아니라 사용자가 왕이라는 것이 구글의 방침이며, 여기서 탄생한 것이 검색결과와 광고 사이에 확실한 벽을 설정하고 돈이 아니라 클릭 횟수로 광고 순위가 정해지는 방식이었다. 사용자의 이익을 최우선으로 여기고 사악하지 않은 방식을 도입하자 구글에 의뢰하는 광고가 급속히 늘어났다. 역시 여기서도 무기는 데이터였다.

Golden Rules

10

효과적인 커뮤니케이션을 한다
두뇌의 한계를 간단히 뛰어넘는다

Google's10
Golden Rules
👀

효과적인 커뮤니케이션을 한다

구글에서는 매주 금요일에 모든 직원이 참석하는 집회를 연다. 이 집회에는 음식이 제공되며, 발표와 소개, 질의응답 등이 있다. 경영진이 지식노동자들의 생각을 알고, 지식노동자들이 경영진의 생각을 알기 위한 자리다.

구글에서는 사내에서 정보공개가 매우 광범위하게 실시되고 있지만 심각한 정보유출은 거의 없다. 우리는 정보유출이 적은 원인이 바로 정보공개라고 생각한다. 신뢰받는 노동력은 충성스러운 노동력이 된다.

영감이나 독창성, 이해, 깨달음은 커뮤니케이션에서 탄생한다. 토론이나 회의도 좋은 방법일 것이다. 브레인스토밍 같은 기법을 사용하는 것도 효과적이다. 그러나 어떤 방법이든 일상적인 커뮤니케이션이 있을 때 비로소 제대로 된 결과를 낼 수 있다.

일본이나 한국을 비롯한 아시아 기업에서는 보통 퇴근 후에 회사 사람들끼리 술을 마시며 커뮤니케이션을 하는 경우가 많다. 먹고 마시면서 나누는 대화는 대부분 쓸데없는 내용일지도 모르지만, 그런 스스럼없는 대화를 통해 서로의 생각과 인격을 이해하고 신뢰관계를 구축하며, 나아가서는 독창적인 아이디어로 이어지는 일도 종종 있다.

그런 습관이 없는 미국에서는 어떻게 할까? 구글 본사에서는 매주 금요일에 'TGIF 미팅'이라는 전체 집회가 열린다. 래리 페이지와 세르게이 브린, 에릭 슈미트도 마운틴뷰에 있을 때는 반드시 참석할 뿐만 아니라 앞장서서 의견을 듣고 질문에 대답한다.

아시아의 '술자리 커뮤니케이션'은 종종 낡은 관습의 대표로 취급받는데, 구글의 경우는 어떨까?

"혁신이란 갑자기 번뜩이는 것이 아니라 일상적인 커뮤니케이션 속에서 탄생하는 것이다."

··· 에릭 슈미트

에릭 슈미트는 커뮤니케이션을 매우 중시한다. 지나친 커뮤니케이션은 없다. 수평적인 커뮤니케이션을 수없이 할 때 비로소 착상이나 깨달음, 영감을 얻을 수 있다. 여기서 혁신이 탄생하며, 빠른 기술혁신이 가능해진다. 에릭 슈미트는 이렇게 말했다. "혁신이란 아침에 일어났을 때 갑자기 번뜩이는 것이 아니다. 일상적인 커뮤니케이션 속에서 탄생하는 것이다."

사실은 애플의 스티브 잡스도 비슷한 말을 했다. "혁신은 복도에서 마주쳐 이야기를 나누거나 밤 10시 반에 새로운 아이디어가 떠올랐다며 전화를 거는 직원들한테서 나온다."

혁신에는 몇 가지 특징이 있다. 첫째는 위에서 아래로 명령이나 지시를 하면 탄생하지 않는다는 것이다. 직함이나 권위와 상관없이 수평적으로 자유로운 커뮤니케이션을 하는 가운데 혁신에 필요한 아이디어가 나온다.

둘째는 혁신을 체계화하기는 어렵다는 것이다. 그러므로 먼저 일상의 커뮤니케이션을 체계화해야 한다. 정기적인 대화나 장소를 정해서 여는 모임이 그것이다.

셋째는 천재 한 사람의 머리에서 탄생할 때도 있지만 대부분은 다양한 아이디어가 화학반응을 일으킴으로써 탄생한다는 것이다. 아이디어가 다양할수록 화학반응이 잘 일어나므로 최고경영자가 실무진을 거의 찾지 않는 회사나, 회의가 형식적이 되어버린 조직에서는 커다란 혁신이 일어나기 어렵다.

구글처럼 모든 직원이 매주 창업자나 CEO와 얼굴을 마주하고 이야기를 할 수 있는 경우는 매우 드물며, 이상적이기도 하다. 구글 급성장의 핵심이 바로 여기에 있다고 해도 과언이 아닐 것이다.

"자네들이 이 문제의
책임자가 되면 되지 않나?"

··· 에릭 슈미트

구글 본사에서 매주 금요일에 열리는 TGIF 미팅에서는 크고 작은 여러 가지 화제와 요청이 쏟아진다. 래리 페이지와 세르게이 브린은 중국 문제 같은 미묘한 화제부터 소프트웨어 개발자가 사용하는 컴퓨터가 너무 느리다든지, 본사 근처 신호등의 신호가 너무 느리게 바뀌어서 출퇴근할 때 건널목에서 한참 기다려야 한다든지 따위의 이야기에 열심히 귀를 기울이며, 그 자리에서 해결할 수 있는 문제에는 즉시 답변을 한다.

개중에는 상당히 한심한 화제도 있다. 하루는 사내 마사지사를 정규직 직원으로 삼을 것인지가 화제에 올랐다. 이에 따른 이점은 그들이 완전한 복리후생 혜택을 받을 수 있다는 점이며, 단점은 팁을 받을 수 없게 된다는 점이었다. 마사지의 단골손님인 래리 페이지와 세르게이 브린은 이 이야기에 강한 관심을 보였다.

그러나 마사지를 받아본 적이 없는 에릭 슈미트는 짜증이 나서 래리 페이지와 세르게이 브린에게 이렇게 말했다. "자네들이 이 문제의 책임자가 되면 되지 않나?"

"그러면 되겠군요." 두 사람은 고개를 끄덕이더니 경영회의까지 열며 해결책을 검토했다. 그 결과 마사지사는 변동근무제 직원이 되어 복리후생 혜택을 누릴 수 있게 되었을 뿐만 아니라, 신고만 하면 팁도 받을 수 있게 되었다.

커뮤니케이션에서는 양과 질이 모두 중요하다. 양을 늘리려면 어떤 이야기에도 진지하게 귀를 기울이고 검토해야 한다. 그런 태도가 신뢰감을 강하게 키워준다.

특히 커뮤니케이션을 할 때는 상대방이 이해해주지 않는다고 해서 상대방의 잘못으로 돌려서는 안되며, 전달방법이 잘못되었다고 생각하는 것이 현실적이다.

"모두에게 맞는 방식인지는 잘 모르겠지만, 적어도 나는 잘해나가고 있다."

··· 래리 페이지

기업의 규모가 커지면 경영진과 일반직원의 거리는 멀어지기 쉽다. 입사할 때 처음으로 사장 얼굴을 보고 계속 못 보다가 신임 사장이 올 때 교대식에서 두 번째로 봤다고 하는 이야기가 실제로 일어나는 회사도 적지 않다.

또 개중에는 스티브 잡스처럼, 우연히 엘리베이터에 같이 탔는데 다짜고짜 "무슨 일을 하고 있나?"라고 질문해서 직원이 제대로 대답을 못하자 엘리베이터 문이 열림과 동시에 그 직원을 해고했다는 소문이 도는 CEO도 있다. 그런 경우는 되도록 마주치고 싶지 않은 것도 이해가 되지만, 보통은 최고경영자하고도 커뮤니케이션을 하는 편이 좋다.

그런 점에서 구글은 직원이 2만 명이 넘는 지금도 TGIF 미팅을 매주 계속함으로써 최고경영자와 일반직원이 직접 대화를 나누는 친밀한 커뮤니케이션을 유지하고 있다. 윗사람이 의견이나 제안에 진지하게 귀를 기울여주는 것은 직원에게 매우 커다란 심리적 보상이 된다.

래리 페이지와 세르게이 브린은 비서를 두지 않고 직원들의 이메일을 직접 받으며, '구글 캘린더'(Google Calendar)를 사용해 일정을 조정한다. 보통 최고경영자들은 비서를 여러 명 두고 일정을 조정하지만 두 사람은 그렇지 않다. 래리 페이지는 이렇게 말했다. "모두에게 맞는 방식인지는 잘 모르겠지만, 적어도 나는 잘해나가고 있다."

이 때문에 두 사람의 일정을 파악하기가 어려워 주변사람들이 고생할 때도 많은 듯하지만, 수많은 비서들에게 둘러싸여 있는 상태보다는 낫지 않을까?

다시 한 번 말하지만, 커뮤니케이션에서는 양과 질이 모두 중요하다. 사무실 안에 틀어박혀 거의 모습을 드러내지 않는 경영자에 비해 구글의 두 경영자는 직접 대화하려는 노력을 훨씬 더 많이 하고 있다. 이런 자세를 통해 기업문화가 유지되고 혁신을 지속할 수 있는 것이다.

"하고 싶은 일이 뭔지 알고 있는데, 사소한 수정에 시간을 빼앗기고 싶지 않습니다."

… 세르게이 브린

래리 페이지와 세르게이 브린의 특징은 도달점이 보이면 절대 우회하지 않고 일직선으로 달려가려 한다는 것이다. 어떤 프로젝트의 진행방식에 대해 래리 페이지와 세르게이 브린이 담당 팀에 불만을 말했다. 그러자 담당 팀 역시 조금도 물러서지 않았다. 이에 에릭 슈미트가 중간에 끼어들어 논점을 정리했다.

그 결과 두 사람은 '결론'에 주목하고 있으며 팀은 '과정'을 중시하고 있음을 알았다. 래리 페이지와 세르게이 브린에게는 도달해야 하는 바람직한 모습이 보였으며, 소규모 수정이나 짜깁기로는 그 모습에 도달할 수 없었다. 한편 담당 팀은 처음부터 다시 만들려면 시간이 너무 많이 걸리고 비용과 인력도 필요하기 때문에 과정의 험난함을 들어 주저하고 있었다.

그런 담당 팀에게 세르게이 브린은 이렇게 단언했다. "최종적으로 하고 싶은 일이 뭔지 알고 있는데, 사소한 수정에 시간을 빼앗기고 싶지 않습니다."

처음부터 다시 만들려면 많은 시간과 비용, 인력이 들어간다. 그러나 그렇다고 해서 임기응변식의 변경을 거듭하고 시스템을 여기저기 짜깁는다면 결국 시간과 비용과 인력을 더 낭비하게 된다. 그러므로 목표를 향해 단숨에 나아가는 편이 낫다.

구글의 자선사업부문인 '구글닷오르그'(Google.org)를 운영하는 래리 브릴리언트(Larry Brilliant)도 같은 경험을 했다. 그가 진행하는 '민중에게 정보와 행동력을 주자!' 프로젝트는 개발도상국을 대상으로 공공서비스의 존재를 국민에게 알리는 것이 목적이었다.

그래서 래리 브릴리언트는 래리 페이지와 세르게이 브린에게 정부의 서비스 제공 능력을 높인다, 민중이 공공서비스를 찾아내는 능력을 높인다, 활동을 기록하는 인원을 확보한다 등의 행동 목표를 보여주었다. 하지만 래리 페이지와 세르게이 브린은 "중요한 것은 활동을 기록하는 것이 아니라 결과"라며, 프로젝트 하나하나마다 구체적인 목표를 설정할 것을 제안했다.

전술보다 결과. 먼저 도달해야 하는 목표를 생각하고 그것을 구체화한 다음 일직선으로 달린다. 그것이 구글을 경영하는 두 사람의 방식이다.

"제품을 만드는 것은 곧 사람을 만드는 일이다."

"사업은 사람이다."

이것은 기업의 근간을 이루는 사고방식이다. 마쓰시타전기산업(현재의 파나소닉)의 창업자인 마쓰시타 고노스케의 모토는 이랬다. "마쓰시타는 전기제품도 만들지만, 그전에 먼저 사람을 만듭니다."

일본에서 마쓰시타전기산업이 탄생한 지 60여년 뒤에 미국에서 설립된 구글 또한 같은 사상에 바탕을 두고 있다. 그 사상이 집약된 것이 바로 '구글의 10가지 황금률'이다. 사람을 만드는 일이 사업의 근간인 이상, 사람을 만드는 기술을 정리한 황금률이 구글의 근간을 나타내는 것은 당연한 일이다.

아직 그 모습이 잘 보이지 않는 구글이라는 기업모델이 이 책을 통해 조금이라도 해명되고, 그것이 독자 여러분의 삶과 비즈니스에 길잡이가 된다면 기쁠 것이다.

구글의 10가지 황금률은 이른바 '실리콘밸리 영어'로 쓰여 있어서 직역하면 오히려 이해하기가 어렵다. 그래서 이리야 레이코 씨의 도움을 받아 이해하기 쉬운 말로 옮겼다. 또 원문에는 서문과 '황금률 10' 다음에 보충설명이 붙어 있었지만, 중요한 내용이 아니라 생략했다.

이 책을 기획, 제작하는 과정에서 PHP연구소 신서출판부의 요코타 노리히코 씨와 이토 유이치로 씨에게 많은 도움을 받았으며, 편집은 알즈주식회사의 요시다 시로시 씨가 수고해주었다. 이 자리를 빌려 감사의 마음을 전한다.

■ 구글 연표

2005 구글지도(Google Map)와 구글어스(Google Earth), G메일(Gmail) 서비스를 개시하다

웹페이지 광고서비스인 애드센스(AdSense)를 개시하다

모바일웹 서비스를 개시하다

영문서적 전문(全文) 검색서비스인 구글프린트(Google Print)를 개시하다

《뉴스위크》에 〈구글의 10가지 황금률〉을 게재하다

미국 최대 인터넷서비스 회사 AOL과 제휴하다

2006 유튜브와 합병하다

구글도큐먼트(Google Docs) 서비스를 개시하다

일본의 KDDI, 미국 최대의 SNS회사인 마이스페이스(MySpace)와 제휴하다

에릭 슈미트가 애플 이사를 겸임하다 (2009년 애플 이사 퇴임)

2007 광고회사 더블클릭과 합병하다

거대 데이터센터가 오하이오 주에서 가동을 시작하다

스트리트뷰(Street View) 서비스를 개시하다

2008 일본의 NTT도코모(NTT Docomo Inc.)와 제휴하다

웹브라우저 구글크롬(Google Chrome) 서비스를 개시하다

구글번역(Google Translate)이 23개국 언어를 지원하다

세르게이 브린이 스페이스어드벤처(Space Adventure) 사와 우주여행을 계약하다

2009 구글의 스마트폰 넥서스원(Google Nexus One)이 발매되다

2010 직원 수가 21,000명을 돌파하다

2011 래리 페이지가 CEO가 되고, 에릭 슈미트는 회장직에 전념하다

모토로라(Motorola Inc.)와 합병하다

Google's 10 Golden Rules

— By Eric Schmidt and Hal Varian

Issues 2006 - At google, we think business guru Peter Drucker well understood how to manage the new breed of "knowledge workers." After all, Drucker invented the term in 1959. He says knowledge workers believe they are paid to be effective, not to work 9 to 5, and that smart businesses will "strip away everything that gets in their knowledge workers' way." Those that succeed will attract the best performers, securing "the single biggest factor for competitive advantage in the next 25 years."

At Google, we seek that advantage. The ongoing debate about whether big corporations are mismanaging knowledge workers is one we take very seriously, because those who don't get it right will be gone. We've drawn on good ideas we've seen elsewhere and come up with a few of our own. What follows are seven key principles we use to make knowledge workers most effective. As in most technology companies, many of our employees are engineers, so we will focus on that particular group, but many of the policies apply to all sorts of knowledge workers.

1. Hire by committee.

Virtually every person who interviews at Google talks to at least half-a-dozen interviewers, drawn from both management and potential colleagues. Everyone's opinion counts, making the hiring process more fair and pushing standards higher. Yes, it takes longer, but we think it's worth it. If you hire great people and involve them intensively in the hiring process, you'll get more great people. We started building this positive feedback loop when the company was founded, and it has had a huge payoff.

2. Cater to their every need.

As Drucker says, the goal is to "strip away everything that gets in their way." We provide a standard package of fringe benefits, but on top of that are first-class dining facilities, gyms, laundry rooms, massage rooms, haircuts, carwashes, dry cleaning, commuting buses? - just about anything a hardworking engineer might want. Let's face it: programmers want to program, they don't want to do their laundry. So we make it easy for them to do both.

3. Pack them in.

Almost every project at Google is a team project, and teams have to communicate. The best way to make communication easy is to put team members within a few feet of each other. The result is that virtually everyone at Google shares an office. This way, when a programmer needs to confer with a colleague, there is immediate access: no telephone tag, no e-mail delay, no waiting for a reply. Of course, there are many conference rooms that people can use for detailed discussion so that they don't disturb their office mates. Even the CEO shared an office at Google for several months after he arrived. Sitting next to a knowledgeable employee was an incredibly effective educational experience.

4. Make coordination easy.

Because all members of a team are within a few feet of one another, it is relatively easy to coordinate projects. In addition to physical proximity, each Googler e-mails a snippet once a week to his work group describing what he has done in the last week. This gives everyone an easy way to track what everyone else is up to, making it much easier to monitor progress and synchronize work flow.

5. Eat your own dog food.

Google workers use the company's tools intensively. The most obvious tool is the Web, with an internal Web page for virtually every project and every task. They are all indexed and available to project participants on an as-needed basis. We also make extensive use of other information-management tools, some of which are eventually rolled out as products. For example, one of the reasons for Gmail's success is that it was beta tested within the company for many months. The use of e-mail is critical within the organization, so Gmail had to be tuned to satisfy the needs of some of our most demanding customers? - our knowledge workers.

6. Encourage creativity.

Google engineers can spend up to 20 percent of their time on a project of their choice. There is, of course, an approval process and some oversight, but basically we want to allow creative people to be creative. One of our not-so-secret weapons is our ideas mailing list: a companywide suggestion box where people can post ideas ranging from parking procedures to the next killer app. The software allows for everyone to comment on and rate ideas, permitting the best ideas to percolate to the top.

7. Strive to reach consensus.

Modern corporate mythology has the unique decision maker as hero. We adhere to the view that the "many are smarter than the few," and solicit a broad base of views before reaching any decision. At Google, the role of the manager is that of an aggregator of viewpoints, not the dictator of decision. Building a consensus sometimes takes longer, but always produces a more committed team and better decisions.

8. Don't be evil.

Much has been written about Google's slogan, but we really try to live by it, particularly in the ranks of management. As in every organization, people are passionate about their views. But nobody throws chairs at Google, unlike management practices used at some other well-known technology companies. We foster to create an atmosphere of tolerance and respect, not a company full of yes men.

9. Data drive decisions.

At Google, almost every decision is based on quantitative analysis. We've built systems to manage information, not only on the Internet at large, but also internally. We have dozens of analysts who plow through the data, analyze performance metrics and plot trends to keep us as up to date as possible. We have a raft of online "dashboards" for every business we work in that provide up-to-the-minute snapshots of where we are.

10. Communicate effectively.

Every Friday we have an all-hands assembly with announce-ments, introductions and questions and answers. (Oh, yes, and some food and drink.) This allows management to stay in touch with what our knowledge workers are thinking and vice versa. Google has remarkably broad dissemination of information within the organization and remarkably few serious leaks. Contrary to what some might think, we believe it is the first fact that causes the second: a trusted work force is a loyal work force.

■ 참고도서와 강연

책 —

《검색으로 세상을 바꾼 구글 스토리(The search: how Google and its rivals rewrote the rules of business and transformed our culture)》 존 바텔(John Battelle) 지음, 이진원·신윤조 옮김, 랜덤하우스코리아, 2005

《구글드 : 우리가 알던 세상의 종말(Googled)》 켄 올레타(Ken Auletta) 지음, 김우열 옮김, 타임비즈, 2010

《구글, 신화와 야망 : 세상 모든 정보를 집대성하라(Planet Google: one company's audacious plan to organize everything we know)》 랜달 스트로스(Randall Stross) 지음, 고영태 옮김, 일리, 2009

《구글, 성공 신화의 비밀(The Google story)》 데이비드 바이스(David Vise)·마크 맬시드(Mark Malseed) 지음, 우병현 옮김, 황금부엉이, 2006

《구글 웨이 : 우리가 상상하지 못한 새로운 길이 열린다(Google way)》 리처드 브랜트(Richard Brandt) 지음, 안진환·유근미 옮김, 북섬, 2010

《グーグル革命の衝撃(구글 혁명의 충격)》 NHK 스페셜취재반 지음, 신초문고(新潮文庫), 2007

《グーグルで必要なことは〝みんなソニーが教えてくれた(구글에서 필요한 것은 전부 소니가 가르쳐줬다)》 쓰지노 고이치로(辻野晃一郎) 지음, 신초사(新潮社), 2010

잡지 —

〈뉴스위크〉 2005년 12월 2일자

〈뉴스위크〉(일본어판) 2005년 12월 28일자

〈쿠리에 자폰(COURRiER Japon)〉 2007년 1월 4일자

〈포브스 US(Forbes/US)〉 2006년 2월호

〈닛케이 비즈니스(Nikkei Business)〉 2009년 10월 19일자

〈주간 도요게이자이(週刊東洋経済)〉 2008년 9월 27일자

강연 —

에릭 슈미트 강연(2009년 5월 18일, 미국 펜실베이니아대학 졸업식)

래리 페이지 강연(2009년 5월 2일, 미국 미시건대학 졸업식)

* 두 강연 모두 각종 사이트에 동영상과 텍스트가 올라와 있다.